百年中国记忆·实业巨子

刘未鸣　詹红旗　主编

穆藕初：衣被天下

中国文史出版社

百年中国记忆·实业巨子

主　编：　刘未鸣　詹红旗
编　辑：　（按姓氏笔画排序）
　　　　　牛梦岳　刘　夏（统筹）　赵姣娇
　　　　　胡福星　梁玉梅　程　凤

穆藕初（1876—1943）

工廠適用
學理的管理法

美國 戴樂爾原著

上海 穆湘玥譯述 穆公正

上海中華書局印行

　　"现代企业科学管理的先驱"是穆藕初令人称道的称谓，他的纱厂建厂之初便引入科学管理法。

豫丰纱厂

五四运动后爱国实业家穆藕初资助段锡朋等五人（后排右起：周炳林、段锡朋、罗家伦；前排：汪敬熙、康白情）赴美留学时留影。

穆氏（左一）1922年10月率中国代表团参加第一次太平洋商务会议时在檀香山留影。

目·录

1

第二章 | **视才若渴：国无人才，国将不国**

第三章 | 家国忧思：既得财，即用之于社会

第四章 | **衣被天下：将身自致青云远，有德能忘浊世贤**

4

第 一 章

实业救国：吾商民必须尽其应尽之责任

棉主义救时之宏大主张

欧和告竣，铁血之战争甫闭幕，经济之奋斗已开场。各先进国莫不厉精淬神，厚植元气，以图国力之拓展。而我庞然四千年古国，处此经济竞争时代间，苟不力求善处之道，发愤为雄，取积极主义，开发固有之富源，以图供求之相济，则我不自谋，而后人始代谋，东方大陆上水深火热之后患，正不堪设想也。是在乎全国工商业家之一致乘时奋图焉。玥托迹棉业，谨将以知虑所及者，为我同业诸君子及各界关怀棉业之诸君子陈之。

棉业在人民日用百物间所占之地位

我国自海通以来，门户洞辟，百货云集，输入额逐年激增，输出额逐年锐减。自中日、日俄战后，日本乘战胜余威，竭力振兴其商工业，推广销路于我国，以我各市场为其尾闾。欧战既开，日本工商业家，得此千载一时之机会，乘势推广，日货之充斥于我市场者多不可计。日用必需品中，几乎举目皆是。但其中以棉纱布占数为最巨，即仅以民国七年日纱布输入数计之，已达174413000余元。衣食为人生活之大源，衣着物需要之高度，迨不亚于食粮，而我国人民，尤以需用棉货为最多数。其需用毛绒等货，则为数尚微也。待用孔亟，而自给能力相差殊远，以故我国人民需用外来棉货，占入口全额三分之一。观民国七年，仅由日本一国输入之棉纱布项，溢出巨额之金钱，能勿愕然惊惧哉。苟长此以往，不图补救，全部仰给之数姑不备论，即此进口棉货一项，已足竭我膏血，绝我命脉。是以振兴棉业不但于平民生计上有密切关系，而于全国经济上亦生莫大影响。故振兴棉业，既所以救贫，亦所以救国，非虚语也。凡我爱国志士，安可不急起而力图之乎？

中外人口及需棉约数之比例

查1914年全世界人口，总额达2177413600人，其中我国人口占439214000人。

全世界棉花产额25767500包，每包计重500磅。（此系1910年至1914年五年平均扯数。）此产额总数中，我国产出棉花数，亦计算在内。我国棉花产额达4181300包。（根据农商部报告。1909年至1911年三年平均扯数。）此后我国棉花产额，当逐年激增，唯现时尚无新报告披露，故仅就上述产额，作吾人研究之资料。

以是年全世界人口及棉花产额比量之，每人每年需用棉花，统扯5.92磅。更进一步，以我国人口照上述扯数5.92磅计算，年需棉花量2600146880磅，合13000734包，以上述出数4181300包计之，仅得三分之一，即此可见我国产棉区域之急宜力求扩展也。

中外人口及纺纱锭数之比例

1917年全世界纺纱锭数共有151200000枚，而我国锭数连英日商纱厂包括在内，1919年3月底止共计1575036枚，仅占全世界纺纱锭数百分之一。而我国人口约占全世界人口五分之一，以此缘由，我国进口货以棉纱布为大宗。非但外来之棉纱布岁吸我巨额金钱，且更有向我市场采办我国棉花，加工制造，仍旧运入我国市场以网罗厚利者。以子之矛，攻子之盾，是又我棉业界最羞耻事，亦即我举国人民最痛心之一事也。见兔而顾犬，羡鱼而结网，未为晚也。故添设纱厂，亦为今日至要之务。扼要言之，吾人今日最大之任务有二：一方面尽力推广植棉区域，并从事改良棉质，力求原料之充裕，及适合纺织界应时之需要；另一方面悉力筹备建设纱厂，大兴纺织工业，俾蚩蚩群众，不必仰赖外人以保体温，克自供求，国家独立之精神乃大显。知行合一，国民救时之天职庶无亏。纺织业在一切工商业中占最重要之地位，愿我国资本家、技术家勠力同心，发挥光大我东方大陆之纺织事业，庶几乎民生国计有宽裕之日也。

原料与纺织前途之关系

工业之命脉在原料，原料之足否，工业之隆替系之。苟国内原料充足，无须仰给外人，则成本轻，脱售易，营业因之而畅旺。反是未有不失败者。棉花为纺织业主要原料，如前所述我国产棉额及全国人口需用量，两相比较，产额仅得三分之一，不敷竟达三分之二。棉荒若此，瞻顾前途，能勿震悚？今幸受欧战之影响，棉业获利较丰，新厂勃兴，宛若雨余之春笋。至九年六月底，我国纺锭新添927080枚，日人在我境内新设者45万枚，共计新添1377080枚。仅就国内务纱厂消费计，需棉额比之往时须增一倍，苟产额不力求增值，而纺纱锭数，激增不已，此危道也。即使所产棉花完全停止出口，产销相抵，已觉不敷甚巨，则花价当昂腾，而纱价成本遂加重。于斯时也，我国棉业界其能效法日人，厚集资本，开拓航路，向印美各国直接采办原料耶？且文化日进，舍粗取精，人类通性，则精制品之销场当然与日俱增。苟我国不从事棉质之改良，将长此仰望美国、埃及长丝绒之供给耶？由此言之，推广产区，改良棉质，刻不容缓已。姑就管见所及，约述实行推广及改良棉产之两大主义凡五则，以迄关于棉花贸易者凡五则，愿与我棉业中人力图之。

（一）凡实行一种计划，须有系统，有系统而后主义可贯彻，进步可立致。是当设立植棉总场，以专门人才主持之，实行推广与改良之两大主义，并就宜棉区域，酌设分场，星罗棋布，以宏提倡。宜棉而向未植棉处固当悉力指导之，向来产棉而墨守旧习处更当协助改良之。各分场选用农科毕业生，受辖于总场，以收臂指相联，进行一致之实效。

（二）国内闲地，触目皆是即以我苏之江北论，荒芜满目，比年受水旱偏灾，农民不事耕作，故贫困殊甚。苟设法开浚水道，既免泛滥之祸，复收灌溉之利，且地面植物繁茂后，空气因而滋润，旱魃无从肆虐。滨海涨滩之未经垦种者，大可仿照张南通之植棉开垦法，着手种作，俾地无废利，人无废时，一举而两善备矣。

（三）国民能阅书报者，虽占至少数，然欲鼓动全国人民植棉兴味，应撰述或移译植棉事业之论著。唤起大众注意。此项植棉救时主义，首由城镇间树其风声，渐次传达于乡曲，则感动越大，而普及自易。

（四）我国向不注重专门，故专门人才遂不多觏，殊不知学业之径途至繁赜，各种有各种之专门。植棉虽包括于农业之中，设以东西洋农学毕业生之向无植棉经验者，使之管理棉场，恐难收圆满之效果。是宜一面调查农学生中之有植棉经验者，择优使用；一面应选拔能耐劳苦之农学毕业生，置之总场，训育之，以便任用。并宜于各分场中，就近训练农家子弟，谋植棉知识之普及。

（五）旧时农校大都徒读死书而少实验。凡农校以农场为主体，而学校不过搜集农场之成绩与种种失败之点及其补救方法，作学术上最新之研究。故无农场，即无新颖之讲材，而农校遂虚设。今欲增植棉产，应联络各农校，扩充农场面积，划出一部分作植棉之用，俾有志振兴棉产之学生，得随时实地练习，养成需要之人才。

（六）凡百事业之最大缺点，在乎无调查。无调查，则此盈彼绌，不相调剂。商业中人大都昧乎供求之比例，暗中摸索，类无把握，事业之盈亏，付之天命，良可慨也。棉业中类此者，为数亦不少。虽然，棉业而不求振兴则已，苟欲振兴之，各地方产额，自应详细调查，刊布报告，并研究其出路，及各地种植、贸易、关税、交通等种种情形，俾制造家得按图索骥，而入于商竞轨道中。

（七）推广改良棉产，绝非口舌所能为力。农夫固陋，中外皆然，宜利导之。其利导方法，不外乎随增植新棉各产地，遍设轧花厂，抬价收买改良新棉，则于提倡植棉，更进一步。设此收买机关，群情自然奋兴，不至观望不前矣。但棉价低昂，随世界大市而活变，设厂收花，系商业性质，此种计划，不宜隶属于植棉场内，以免经济之牵动及精神之分散。故此项轧花厂当另行设置，由各地热心棉业家组织之。若就近纱厂，从事于收买改良新棉，则更为相宜。

（八）我华商向重信用，第自革政以来，商业道德，日就沦丧，其殆受恶政治之影响使然耶？抑社会多数自行堕落致此耶？前此有掺水、着沙砾、杂棉核等弊端，近今又发现以次货掺入较高之货中，鱼目混珠，不但陕通薄有令名之棉花因之低贬，即平常之本花火机亦以次掺入更劣之棉，亦无纯货。棉质关系纱厂出品甚巨，凡出货之迟速，纱质之美恶，全视购进棉花之优劣而判之。今市上花品低劣，虽受其蒙蔽者厥唯管理不良之纱厂，然而借蒙蔽以射利者，破坏信用，奚啻花商之自杀？不过此辈无识，狃于目前小利，混杂低价次货，得不偿失，为可怜耳。彼等岂知货品低劣，则出口无望，出口无望，则花价低贬。苟不及早觉悟，革除此项积弊，棉花业一败涂地之日不远矣。

（九）厘税病商，怨声载道，此种恶税，实为束缚商业发展之一大原因。内地厘卡重重，捍手辈凶于狼虎，狡黠贪鄙，无所不为，而国民道德，亦多堕落。自上而下，几乎无一不受金钱之运动。花商之黠者便矣，愚者苦矣。故厘卡不废除，棉业永无发展之希望，棉业然，他业亦何独不然。棉业占全国工商业最大部分，愿我棉业中人，首先设法废除厘卡，以苏商困。

（十）日人与我国通商，当然享有采购土货之权利。唯日人思深虑远，茹苦耐劳，往往深入腹地，采购棉花，输运出口。夫采购棉花本无足怪，唯日人之采购方法独异于人，为可怪耳。日人在夏季往往深入腹地，直接贷资于农人，每亩自二三元至七八元农人受此定银，所产棉花，概须由日人收买，已完全失却自由脱售之权。因其曾受定洋，致受压迫，货主买客，何方得利，不烦言而自见。以故腹地棉业，往往受日人之控制，胶葛日多，人民不堪其扰，官吏绅士棉商均畏惧之，嗫不敢声。呜呼！此事而不立即阻止之，内地棉业采购权，不几为日人所囊括，而吾全国纺织业之生死命，岂不操之日人手中哉。

振兴内国纺织业主要之研究

植棉既推广矣，改良矣，棉花贸易商，亦知自救之道矣，而环顾内国之纱厂则何如？目今我国之纱厂，新者占多数，然考其内容，无所谓新旧。全厂工作权，完全操诸无意识、无责任之工人手中，此系目前缺乏专门人才，无法补救之实况，骤欲挽回，良非容易。纱厂之尚能持久者无他，不过占优胜之地位而已，否则久已倾轧殆尽。虽然，以盲人瞎马而言驰驱，即使不临险地，颠踬之祸，亦在在可虑。故玥常谓无论何项事业，苟无专门人才主持之，断乎不足与言进取，而收终局之胜利也。兹将我国纺织业之三可慰及八可危胪举如下，以作有心人研究之资料。

内国多数人民需用布匹品质较粗，故本国棉花现尚合用。如设厂于产棉区域内，原料便宜，成本遂轻，虽纱质欠精而价值低廉，故尚未被舶来品挤去。此关于原料取给便利之可慰者，一也。

人口繁盛，需用棉布为数绝巨，市场广而且多，虽精良外货盘踞各市场，而本纱本布尚能混迹其中，销行无滞，此关于市场广袤之可慰者，二也。

百业待兴，地方人民谋生无路，因人众而工价遂廉，虽工作未精美，而普通工值比印、日两国觉为低廉，此关于佣工易得工费较省之可慰者，三也。

揆之经济学原理，工业发达有四要端：一资本、二原料、三佣工、四销路。今我国具备此四要端，而工业尚未如何发展者，虽曰为国民富力及团结力薄弱所限，然其最大原因，在缺乏专门技术家，无从训练管理之，致工人不称职而工作不良也。仅仅希望工人之克尽厥职，河清无日。无已，唯有根本解决，努力培植专门人才，以收督察指导之功于方来。而我国纺织专门人才，甫在培植，此时只得将就支持，留心弱点，厂务遂无起色。此缺乏专门人才之可危者，一也。

纱厂工人众多，动以千计。虽工作部分在在有负专责者督察之，然范围较大，组织斯难，苟管理欠密，难收实效。且我国人短于自治，自治尚且未能，又安能管理工人。以自治功夫欠缺故，遂致秩序紊如，影响出数，亏损斯来。此管理不得其道之可危者，二也。

全厂工作无专门人才督察之、管理之，则出数少，出品劣。一任工人之任意妄为，漫无限制，工资虽廉，其如工作之不精良何？现时我国出数较少，尚能含混过去，将来工厂林立，竞争剧烈，苟内部长此不整顿，一转瞬间，已无斯人留残喘之余地。此工作不精良之可危者，三也。

国民富力未充，自私自利之心却反浓厚。万锭纱厂，动需资本金五十万两，投资一二万，俨然以大股东自命，攘夺权力，位置私人，驯至股东间自相倾轧，不辍业不甘休。授外人以隙，坐收渔利，此股东无公德心之可危者，四也。

全厂厂务、用人行政责任綦重，为经理者，宜如何尽心筹划，期无负股东之付托。乃购办机件，堕人术中，吞声饮恨者有之；假公济私，满载而归者有之；徜徉花天酒地间，携娇妾而去者亦有之。厂未开，基金百万已销蚀殆尽矣。或则位置私人，狼狈为奸，股东之血本虽亏耗，总协理之私囊已充满。此当事人无天良之可危者，五也。

股东狃于目前小利，偶有盈余，分散靡遗。公积一项，素未注意，一旦市况变动，以致周转不灵，不虞之亏损，遂至无从弥补而搁浅。或因信用扫地，竟致闭歇。此各厂缺少公积金之可危者，六也。

政争日起，政象日非，商业凋敝，纸币充斥，现金缺乏，遂致息率日增，担负愈重，立业愈难。倘回复无期，殊难持久。此息率过重之可危者，七也。

振兴实业，须着眼于内地，而我国之实业，仅发达于上海、天津、汉口等各口岸者何也？以有外人之保护也。内国实业，国家不自保护之，而托庇于客籍法治机关之旗下，已甚痛心。乃加之以军队万能，蹂躏地方之军队，布满全国。军队越多，不但内地实业不振兴，即各商埠甚愿振兴内地实业者，亦无从措手。况乎军队愈多，国事愈纷乱，货物愈窒滞，而不易流通。政府不但不加保护，且于不知不觉间阻挠之，而纱业遂无起色矣。此政府不知保护之可危者，八也。

以上八者，有一于此，即足以妨碍纱业之发展，况八者兼而有之乎？故我纱业中人，应彻底觉悟，一心一力，急起直追，扫除此八种可危之缺点，利用三种可慰之优点，坚结团体，确定目的，悉力做去。精诚所至，金石为开，遵斯道以行之，纱业发达之期，当必不远。且不但此，更有两种猛进计划，约列如下。

（甲）我纱业中人，不乏眼光远大、统筹全局之人。首宜在各口岸调查舶来品，设法仿制，务求货品精良，代价较为相宜，以堵塞其销路。使舶来品步步减缩，卒至在我国市场上再无盘旋之余地。

（乙）宜结合大团体，用步步为营之方法，由口岸而及内地，由内地更进而及僻远之腹地，凡水陆交通之产棉区域，或棉花集中地点，添设纱厂，大小可不计，以供给附近用户之需要，无待外求为唯一之目的。

我棉业中人，诚能本此计划，开诚相见，合力进图，则我国棉业之振兴，可翘首以待矣。世有抱棉主义救时之宏大主张，为国家谋公福，不为个人营私利者，玥虽鲁愚，深愿执鞭担当，追随左右，向工战商战场里，作冲锋陷阵之一战员也。

对于浦东实业失败之理由及补救

　　仆入川沙境，查得毛巾、花边、织袜三项实业，关系于川沙、南汇两邑民生甚巨。前此境内著名出品为小布，以无团结、无研究，被人排挤，小民生计，一蹶不振。而今日号称民间新生计，千门万户赖以举炊者，厥唯毛巾、花边、织袜业三项。今则开业未几，衰兆又见，苟不早为之所，失败在所难免。川南两邑人民生计上所受影响，决然甚巨。吾人生息于此，举凡地方上痛痒，无论间接直接，在在皆及之。盖地方人民而富饶也，直接间接，得赖以安居乐业，而交受其利，个人不能脱离社会，其理显而易见。社会而有实业，其社会即成好社会，苟社会中实业将堕入险境，而来歇业破产之忧，岂唯当局者蒙此不幸，然则地方人士，对此又何得淡漠视之。夫事业之兴替，俱有其主因，种竹得笋，植棘生刺，有断然者，仆今为在座诸君子一畅论之。吾邦人士之创办实业者，非失之于过阔，即失之于过陋；非失之于过宽，即失之于过苛。过阔则母财易竭，过陋则出货滞销，过宽则股东交股后，即放弃股东之权利，一任经理之为所欲为，遂致破产。过苛云何？即股东投资后，起无限之苛求，顾自己一方面，而忘各方面。纷相汲引，结党营私，众股东各树党派，互相水火，而营业遂致破裂。况办实业之人，往往无常识，少精神，重意气，轻血本，以致国内可兴之实业虽多，而能在实业界崭然见头角者绝少，致资本家相率裹足而不前，热心者相与束手而无策，良可慨也。苟我国有志兴业之人，一鉴前此之覆辙，改弦而更张之。重信用、集资财、使学术、绞脑汁、奋精神，以奔赴此实业救时之一主义，则内国实业之发展可立待也。虽然，欲振兴实业，则阻实业进行之一大障碍物不可不首先扫除之。曷为阻实业进行之障碍物，则妒忌心是也。唯忌，故不喜人之成功，却喜人之失败；唯忌，故不喜人之致富，却喜人之破产；唯忌，故不喜人之得意，却喜人之失望。忌心愈重，则机械心愈工，一切奸险之手段亦愈甚，其结果将他人之长处善处一笔抹杀之，短处坏处尽情暴露之。一人如是，众人同化，遂造成一万恶之社会。夫吾人生当此世，时刻接触于眼睑耳鼓者无一非形形色色之恶新闻，其善者则渺不可得也，即此一种劣性的社会观之，愁云惨雾中，渐渐养成一种消极的性质，因此不能提倡社会上种种有望事业，而社会愈不堪闻问矣。故吾人欲希望社会事业之发展，须先打破此隐善扬恶之一观念，而改向隐恶扬善一边，尽力做去，于实在希望社会事业之进步庶有把握也。

更请扼要言之，前此事业场里，习惯互相攻击，致失其团结力。因失去团结力，故大公司即难以成功，幸而成立，亦终难收效。呜呼！来日大难，迫在眉睫，切身痛苦，即在吾人干素漠不经心之地方事业上发难。欲为久远计者，安得不尽力革除前此不良之积习，而坚结团力，大奋斗于生存进取上，以期争回绝大之主权乎。

今再言毛巾、花边、织袜三业失败之理由，及其补救方法，与诸君子一研究之。

（一）毛巾　机户购纱后，将纱一小绞（每小绞计纱八百四十根。）入缸浆之，浆后晾干，未干前须将纱一一分开，不知纱身已于此时微受损伤。干后摇上筒管，套在经纱架上穿扣后，即从事织造，因纱已受损，故织时常断，而使巾质不良。织后再行漂白，如漂粉过多，则巾质易伤损，使用便不能耐久。漂后即托乡人向四方兜售，其脱售之困难情形，概可想见，往往以销路不畅而致亏本。无识之机户，不得不减少分量，缩小尺寸以图补益，岂知信用扫地，营业益复无望矣。

（二）花边 每方寸眼数，自七眼至十一眼不等，而花样亦层出不穷。织户往往向洋商兜售花边，并未订立合同，率然向洋商取得花样后，即按图结就。他日洋商之购买与否，一任自便，洋行家每每借辞推托，以便贬价买收。以此因缘，花边业中人，因出货不易脱手，蒙大损失而闭歇者往往有之，且为数已不少。即如去年上半年，川沙销售花边多至五十余万元，下半年销数不但锐减，且多折本售去者。前途之险恶，可想而知矣。

（三）织袜 各色线袜，皆由色线织成，以日光空气之侵蚀，手渍尘垢之浸加，故织工告成后，颜色光泽业已减少，于销行上不无几何之阻力。又所出之货，因人自为谋，无一定之准则，故宽密不能一律，难得顾主坚固之信用。且织就后只二三大厂于申地有批发所从容脱售外，余均各逃生命，零星兜售。冬季线袜销路不畅时，小本营生者，不得不减价售现。且零碎购线，代价较昂，人自为谋之小工业；能有几何立足余地。虽袜业之活动，地盘较之花边业略胜，然而除二三大厂外，余恐不免在淘汰之列耳。

补救方法：

联络川南及申地热心实业之人，集资组织一川南实业总公司于上海，设分公司于川沙、南汇、新场等处。各分公司内派有看货人，限定毛巾之尺寸分量，花边每方之眼数，线袜之针数，取其优者，去其劣者，由总公司与纱厂接洽。用稍次之花，纺成合用支纱，再由纱厂代经代浆，做成纱塌饼，售于织户。织成毛巾后，将原色毛巾售入分行，剔选后运至总行漂白装匣，趸数售出。其花边事业，由总行向洋商直接订货，订立合同，载明每方寸眼数、式样、码数、交货日期后，趸数购进蜡线，连样分发于各女工。结就后，亦由分行员司剔选运至总行，然后交与洋商。其织袜事业，由总公司趸购四十二支原色双股线，平价分售于各织户，限定针数，由分行员司剔选后，运至总行漂白染色装匣，趸数销售。

其组织此项总公司之概要，凡有数端：（一）趸买。以便零星小户。（二）趸卖。货价不致任人贬抑。（三）挑选。出货方能精美，此方面促工业进步，他方面使顾主乐用。（四）漂染。色泽力求鲜明，既易引起买客采用兴致，更能帮助贩户流通无滞。（五）集合大团体。则资力雄厚，进可以得时机，退可以坚壁垒，与人竞利，方可独操胜算。以上五种利益，为工商业家必争之要点。然唯有大团结，始克享受，苟一仍旧贯，因循敷衍，此三业之失败，可以立致。故仆深望川南有志振兴实业之士，急起直追，合力图之，凡仆力所能及之处，愿助一臂，期诸君子造福家乡之主义，早日贯彻也。

商业之荣系于交通之便否

　　立国之要点在民生，人民生活必需品大都产之于农，而成之于工。其酌盈剂虚，作供求之媒介，尽集散之天职，以弥人间缺憾者，则唯商业是赖。近百年，觇国运者，方且以商业之兴衰，为判决人国强弱之标准焉。

　　夫我国今日之商业，萧索极矣。推究其所以不振之原因，其种别甚多，姑约举之如下：以商人通病言，则智识锢蔽也、道德堕落也、团力薄弱也、基金不足也、办法不善也；以商人之环境言，则政府不加保护也、外商故意钳制也、蠹吏剥蚀无异虮附也、武人搜刮无术防堵也；以商市金融言，币制紊乱也、汇兑不灵也、息率高昂也、挹注维艰也；以市场商品言，则科学不发达，农产工艺有退步无进化也；以商家趋势言，则整顿无能力，赌博幸获者之邪风日炽，买空卖空者之破产习闻也；以运输货物之交通言，则水运陆运之多滞阻，航权路权之相率旁落也。有一于此，皆足以陷商业于不幸之途，而况各种阻碍商业发展之恶境界，一环顾而莫不接触于目前也。挽救之道，千头万绪，非片言所能尽。无已，请仅就一端言，仅就交通与商业关系之一端言。

　　等一货也，产地与商埠之代价每每相差一倍以上，或竟有相差至三四倍之多而尚不易沟通者。虽此代价相差之悬殊不必全属之转运上，而转输之不便，运费之多耗，则为不可掩之事实，且此尚系去通航通车之地不甚窎远之处然耳，至于偏僻省份，虽有绝好之食用产品，除当地人民消费外，莫之奈何而任其陈腐者有之；工业上需要之材料，除合于当地人民消费外，莫之奈何而视同废物者有之。合全国产额计，每岁因交通不便利，故不知无形中损失若干兆金钱也。此交通事业不发达，且足以致国家于贫困，受害者固不仅商人，而商业上所受之痛苦则尤显著焉。

交通不便利有妨商业之发展已如上所述。而交通便利处，因路政之不修，航业不竞，于商业发展上仍多若干之阻碍。交通当局之不能体恤商艰，固属无所逃罪，而商家切身痛苦不知设法解救，相与隐忍不言，亦不能完全诿为无罪也。何以言之？现在路局之缺点，在乎车辆少而不敷应用，员役杂而需索无厌，货物到站多时，不为运送。路局主事，亦不以便利商家为急务，而深居简出，予员役以上下其手之机缘。黠者联络要人，便于运输，货物既不能挨次装车，而积压之流弊，久之且习非成是，视为当然矣。加之以军界要人及与有若何关系之辈，借威军符，滥行势力，攘夺车辆，车辆既不敷应用，货物益堆积如山，当事者大可乘机渔利，商人苟有不谙其隐情者。遂从此货滞于各站，而至霉烂者，触目皆是焉。此外如航业之不振，船只之稀少，吨位之缺乏，航海人才之不知及时储备，则又为可耻可悲之一事。我国航业之最早举办者，则为招商局，开业至今已有四十余年，尽所有诸船之吨位计之，不过47600余吨。其航行线，不过在扬子江及闽粤浙津间，向未出国门一步，而各船大副，至今仍雇用外人。以如此年龄之航轮公司，绝不计及应用人才之培育，而唯知仰首客卿。夫航轮初驶时，雇用客卿，如生儿乏乳者之雇用乳妪，以暂代抚育之职耳，而不谓招商局雇用乳妪至四十余年之久，然则航业无显著之进步可断言也。此外后起诸航轮公司，等之自侩以下。如开平矿务局，有船数艘，驶行津、沪、营口间者仅有10000左右之吨位。大达、肇兴、新益诸公司各得千有余吨，政记公司得4000余吨。合全国航轮公司所有之吨位计之，仅得74000余吨。以生齿至繁，需货至巨之中国，而航轮吨位仅有此数，宜乎英、日两国航轮公司起承其乏，代我腹地，大效输运之劳矣。航运全权既不尽属国人手中，亦未始非发展商业上一大缺憾也。

然则挽救之道将安在？一则利用以工代赈之机会，从事务当地马路工程。例如此省与彼省毗连之处，至少筑三四丈阔之大干路若干条，各县至少须筑二三丈阔之支路一条，并同时振兴水利，开浚便于货物输运之河道。马路期与省会干路或车站相衔接，内地开浚河道期与轮埠或其他热闹商埠相贯通，以便货物之输送。一则利用闲逸无事之军士，从事各省铁路工程，俾欲筑未筑之诸干线得以陆续兴工，节节告成。如是则今后之军饷不致虚糜，将来之路款，大可节省，使病民之军士，一变而为有用之工人。非但商业因之有勃兴之望，而饷源亦可渐免匮乏之忧。军界领袖不乏深明大义之人，诚能毅然举办，树之先声，吾知海内之闻风兴起者必大有人在也。

又各地方人士，须了然于地方贫瘠原因第一在乎交通之不便。地方上要政，应由地方人士共图之。内地开浚河流，向有计田亩多寡匀派工作之办法，无财者出力，省力者出资。内地筑路亦采此法，则劳力问题无难解决。惟路边填去地亩，应由地方公款项内公平给值，以免争执，及愚民之误会。此造福地方、一劳永逸、有益无损之举，地方人士固有应尽天职在也。

其在交通当局，急宜确定便商方法，遴选公正勤慎之人管理路局要政。其贪鄙之徒，严行纠察，随时淘汰。并酌量商业发展情形，随时添备车辆，务使往来货物，不稍延搁。并对于大宗货物，减轻吨位运价，确定计算方法，公布国人，以促商业之发展。并厘定航行新章，扫除前此缺憾，另行组织航业公司。一面推广海外航线，以便国货之直接输出；一面改良内国航业，培养航业应用人才，力图航业之振作。而在内地僻远之区，则地方人士，应集资举办范围狭小之交通事业。如北方及一切平原之上，推行长途汽车；在南方及一切人烟稠密、河流若织之区，推行小火轮或小汽油船。诚能举国一致，万众一心从此便利交通上着手，则产区百物不致以无人过问而低贬，需货之处不致以来源告竭而暴涨。便商即所以便民。裕商即所以足国，况乎文通事业发皇之日，亦即其他几百事业发达之日。固莫不因振兴商业之故，而共沐交通之赐也。振兴商业之要图非一端，便利交通则仿佛于发展商业上，抵得一半工程焉。故仅就拙见所及，一推论之。

普通人士之目光及心理，感其处境之艰困，生活之不易，变易倾向，属意商业，以为两相比较，犹觉彼善于此。于是百计营谋，有凭借经济势力而至者，有凭借文字运动而至者，如智人之不愿自媒，不轻启齿，不苟通问，以贬节求人为可耻之高风，殊难于今日见之矣。盖今日者失势之官僚、无聊之学者、读书不成之青年、辍耕而叹之农夫、手艺难活之工徒，莫不以商业为谋生之捷径而纷纷投效，以故谋就而不获者，恒十百千倍于可以消纳之数。呜呼！谋生而失望，坐以待毙，夫亦计之太左矣。即有幸而获就，亦大都为现成享受之人，徒岁耗商业中若干之精华，而于增进商业之繁荣罕有计及者。苟大多数人深知商业之荣枯系于交通之便否，一般怀才莫展及谋就未获者，应及早觉悟，放开眼光，振起精神，舍此他图。如上文所述，浚河、筑路、长途汽车、内河小轮等助商务发展之新事业，及其他附属之新事业，方向一变，世界骤宽，希望无限。诵西先哲"吾无机会，吾可自造机会"之说，有志振兴商业之士、有志振兴交通事业之士可以兴矣。

改良进口税则之诘问及期望

吾国进口税则自光绪二十八年修改后，定期每十年修改一次，订在各国通商条约中。民国元年实为修改之期，徒以政局纷扰，迁延至去年冬间方始进行。本年元月五日，集十五国四十一税则专员在上海开第一次会议，吾国工商业界大多数人，深盼此事及早圆满解决。乃欲决而未果者，至今已阅三月矣，究竟此事进行至若何程度，局外人无从知悉，惟闻各国主张以棉货、五金照现行税率统加四成，杂货统加三成。各国税则委员会谓此项办法简明而易行，故多赞成之，惟日本则否。日本始则拟将1913年海关估价册之物价作标准，后拟将1913年及1915年两年之平均物价作征收进口税之标准。我因税则委员以为如依年度作标准，应以最近之1917年为标准，而日人以为去年物价最昂，欧战终结后，物价必跌落，故反对之。嗣因日本独持异议，遂将此案移至北京解决。夫海关估价册所列之价，是否能作为应征物价之标准。欧战终结后，工少而税重，将来来货，是否比去年物价为更廉，此吾人所急欲诘问者也。

予系纱业中人，他项税则姑不具论，请论纱税。日本纱进口，每担抽关平银九钱五分，兹将调查所得本月以前两年内之日本进口纱平均价格、精确之数目作为一表，附录于下，以资研究。于此两年中，帝制发生时，全国哗然，故丙辰五月内，日本进口16支纱平均每件市价89.694两。丁巳七月棉纱飞涨，日本进口16支纱每件平均市价181.25两。故此两年内之平均价格可以作为抽税之标准，将来恐仍有继长增高之势也。

表上24个月，16支纱平均市价，每件值上海规元125.723两。以海关银四折之，每件值112.857两。每件扯重415磅，合司马秤三担十一斤四两，每担值海关银36.259两。内除去关铣及佣金、栈租、利息等项十成之一，每担得海关银32.633两。以值百抽五计之，应纳税银1.63165两，照吾国曾经赞成之加四成之税额计之，仅1.33两，即使照加四成办法行去，在吾国进口税岁入数上，受损尚多，况乎16支以上之纱及股线等比上项所述16支纱之价值还高，苟详为分析，则进口纱税当更增加也。此第言进口棉纱税额之应增加耳。棉纱如此，他货又何独不然？而日本竟将加成之办法反对之，其理由何在，此又吾人所急欲诘问者也。

查各国抽税，有自由权，华茶至英，征税50％，华丝至美，征税35％—60％。据1914年调查，法兰西全国平均抽进口税20％，英国22％，美国39％，德国45％，为发展本国工商业计，固应尔尔。而我国仅抽百分之五尚难如登天，何征收进口税率之不平允一至于此？进口税不得增加，即内国工商业永受钳制而无立足之余地，吾民直接受此绝大之痛苦，则安能禁其不动色相告而力求挽救也耶。

日本自现内阁秉政以来，大倡中日亲善之说，无几何时，日本朝野间悉力鼓吹亲善主义，大有举国一致之概。我邦人士，下风逖听，莫不欢欣鼓舞。即如此次商榷进口税则酌量增加一事，亦未始非与日本以实行亲善主义之机会，况乎进口税稍有增加，亦并非加增日本商人之负担，间接仍由我国人所负担，借以加增国家岁入而维持国家现状者也。乃日本独反对而不肯周旋之，致使我国每日受55555两之损失。（见本年3月16日《密勒氏评论报》第75页）恐非倡言亲善之本旨也。

工商业之四大要素，一曰原料，二曰资本，三曰佣工，四曰市场。日本除资本佣工外，原料半赖于我国，而我国生齿众多，实为日本销行百货之最大市场。予敢忠告亲善之日本曰：市场系客体，而主顾为主体，苟其失去主顾之感情，则虽有绝大市场，恐无复有盘旋之余地矣。日本一般贤达，谅必有见及此，或能勉力履行此中日亲善之主义，而勿任我国和平请求改良进口税则之加成办法有所中梗；而大伤我国人民之感情也。予所以馨香祷祝此加增进口税一事，早日结束，以慰我全国人士喁喁之期望，并盼望中日亲善主义于兹事上发其始声，故不觉其言之率直。并愿我邦入君子，注意此事之进行，发表意见，造成舆论，以为后盾，无使我国改良税则，当局独任其难也。

永久抵制劣货之方法

"青岛失，则山东亡；山东亡，则全国随亡。"洵非虚语。然仆以为尚未足惧也，所惧者，人心死耳。今对于日货文明抵制，万众一心，举国一致，能坚持到底做去，并非出于偶然。盖年来国人所受抑郁不平之气，向苦无从宣泄者，今以日入侵凌我国权，违背我民意，蹂躏人道，以致全国愤慨，忍无可忍，不约而同，起图自卫。其一往无前，进而不已之一种沉毅果敢之精神，实为前此所未有。则收回青岛之问题，或能因此精神而得良好之结果。消极之抵制而有此精神，则今后积极之建设亦本此精神，谁谓中国无救药耶？

民国四年间，因"二十一条"苛酷条件之要求，曾有抵制日货之举。彼时慷慨激昂之舆情中，尚乏彻底之自觉，并含几分之希望，故曾不转瞬，观望者卒无表示，愤激者亦归缓和，卒致未收若何之效力，徒惹外人之讪笑。此何故欤？盖主持其事者仪空言抵制，而无实际之救济方法。且当时有一部分人，重私利而略公义，团结力遂因以薄弱，故卒招失败耳。况乎彼时更有多人，以为日本逞此霸图，必招各国之深忌，一旦欧战告终，和议席上重公道、抑强权，各国必仗义执言为我援助，取消此"二十一条"苛酷之条件。存此痴愿，故用力不专，五分钟热度，遂造成吾民之恶谥。回溯往事，深堪浩叹。而今已矣，向之痴愿，今已绝望，如罪徒之判决死刑，更无申诉之余地，惟行刑之日尚未至耳。存亡呼吸，为时虽甚促。吾人应乘此大祸将临之日力图自救。抵制日货虽属消极，然釜底抽薪，大可摧折强权，愈持久而效力愈显。持久之道，即此万众一心、全国一致之精神，予日本工商业界经济上巨大之痛苦，促彼政府之反省，舍此无他道也。

今日我国四百万人民中，能代表全国、启迪全国以共御外侮者，当首推商、学两界。仆姑采消纳法，将全国人民括之以商学两界，因农工各界，概得以商、学两界救国之精神联络而结合之也。是故仆对于商、学两界，作更进一步之请愿，商、学两界实力抵制，应各从消极的与积极的两方面并进，约述如下。

商界抵制日货之两方面事。甲、商界消极的抵制：（一）依照现在全国各商帮所定之方法，悉力进行，坚持到底；（二）不用日币，即断绝商业上经济关系；（三）破除日本吸收我国现金，制我国死命之毒计。（说明：日本历年所发之老头票，行使于中国境内，约有一万五千万日金，此种老头票，流行于东三省者几及八千万，流行于山东、福建者达三千万，流行于他省者约有四千万。日本政府发行此种不兑换券，吸取我国现金，用此现金振兴彼国之实业，排挤我国之实业，并贷债于我国政府，使我国自相残杀，同归于尽，彼则安坐而取渔人之利。计划之刻毒，无有过于此者，深愿我国人手中执有此项不兑换券者，逐渐设法使之流还日本，嗣后各本其爱国之天良，勿复收用此项祸国殃民之日本老头票。）乙、商界积极的抵制：组织一永久团体，定名"五九社"。（民国四年五月七日，日政府致二十四小时之"哀的美软书"于我国政府。至九日，我国政府被逼签字。故五月九日为我国屈服于彼势力下之一日，鄙意水宜以五月九日为国耻日，全国一致，以免歧异）此项商界"五九社"宜各地方设立一所，由各地方商业团体，选举热心而公正者若干人作为会员。社中应为之事如下。（一）会员随时监察各团体抵制状况，如有破坏抵制办法者，立即纠正之，或惩罚之。（二）调查全国销行之日本货物，约可别之为三：（甲）可以完全勿用者。如太阳啤酒、味之素、化妆品、小儿玩具等奢侈品。（乙）有国货可以代用者，如毛巾、珐琅器，洋伞。（闻已有人纠集巨资，组织五九工业社，从事制造，不久即可大批供给。）（丙）工业用品之必不可少者，如漂白粉之类（闻上海炳新肥皂厂主任已在着手研究制造漂白粉及保险粉。与硫、硝镪水以及股线之类。除甲项奢侈品不计外，乙、丙两项工业可以逐渐举办。（三）组织一劝工银行，扶助各项工业之发展。（闻此项银行已有入组织，不久可见之实行。）总之，此项组织须有系统，事业进行须有秩序，务会员须有清醒之头脑，切勿争意气、斗私见，乘机造谣及倾轧本业之鄙薄行为。愿与我爱国志士洗心革面以图之。

学界抵制日货之两方面事。甲、学界消极的抵制：（一）各学校将青岛历史及"二十一条"苛酷之条件，并此次失败原因，作为修身讲材，随时提及，常作警醒全国青年之暮鼓晨钟。（二）学生自己不用日货，并于星期日及暑假年假时，就力之所及，随处演说，以图普及，俾大众永远不忘此最大之耻辱。并恳请家长及力劝亲戚邻里，一律实行，俾大众以不用日货为应尽天职，误用日货为丢失体面。乙、学界积极的抵制：组织学界"五九社"，每地方设一社，合当地各学校组成之。其应为之事如下：（一）协助商界调查日本进口货物，并随时悉心鉴别而严取舍，更劝告各用户勿误购。（二）利用余时，研究日货代用品制造法，以应社会需求而增进地方生产能力。（三）提倡节俭，以撙节所得之钱财，努力储蓄，遇有地方新工业发生时，踊跃投资，借以贯彻永久抵制之目的。（四）团力较大之"五九社"发行星期刊，报告各地方抵制日货之方法及现状，并特辟国货介绍栏及新发明物介绍栏，以促内国工业之发展。（五）各地方学界"五九社"中，并须共同推定一"五九社"从事编辑一种励耻之书籍，名曰《五九》，此书分初小、高小、中学三种编法，供给三种学校之取用。发刊后，请各省教育会颁布全国各学校，用作教科书，启发全国青年之自觉力。并编白话体《励耻书》，俾粗识字义之人闲能寓目，以补普及教育之所不逮。

夫日人对华政策招招进逼者，实因日本全国人民，曾受军事教育，而日本现政府之有权力者皆系军阀中人。然世界潮流趋于民主，日本不乏贤者，年来深信民治主义者正大有人在，故彼国中暗潮甚烈。而军阀中人为巩固其权势地位起见，不得不力图侵掠，以博国人之欢心。观下列日本殖民政策之译文一则，可晓然于一般日人谋我之心机矣。据可靠消息，日本东方发展会社，于四月十六日，决定日人及高丽人移民满蒙之政策：（一）日政府支一百万元日金于该会社，作移民之用；（二）该会社每年必须移出一千五百户日本人及高丽人至满蒙各地；（三）该会社前曾议决在十年内移日本农家二万户，高丽农家三万户，共计二十万人，充实我中国之满蒙各地；（四）有组织的村落，一村落至少集五百户，不准村中住民居留村落之外；（五）此项有组织的村落内置村长、副村长各一，书记一，专管理该村落中之自治、教育、卫生、宗教等事；（六）日政府除供给军火于各村落自行保护外，并派遣警察、军队等实行保护之。以上译《密勒氏评论报》第8卷第454页转载哈尔滨俄国日报。仆按：日本拓殖政策实行于满蒙，为时已久，其影响于我满蒙之统治权者为何如？此项政策，安知现在不施行于我中国其他省份。呜呼！我神州大陆，将尽为彼日人之殖民地，高丽、台湾覆亡之殷鉴，其不远矣乎？嗟我国民，清夜思之，亦曾有动于中否？仆混迹商学界中，除离国之日不计外，已有二十五年矣，默察我国人之最大缺点，即无系统及无毅力。然此时千钧一发，关系重大，若再如前此之虎头蛇尾，国其不国矣。而敲骨吸髓之痛苦，高丽、台湾之惨剧，将遍演于我腹地，吾黄帝子孙其将从此无噍类矣。呜呼！此次抵制日货之伟举，实关系我中华民国之存亡绝续者至大，愿我全国人士，尽力做去。仆不惜牺牲所有之精力财力，暗随诸君子之后，愿我举国爱国人士交相勉策之。

实业之振兴难于登天

读九月二十五日沪上各报所载前某纱厂主某君复总商会函，谓其受内忧外患之影响，不得已至于破产，将二十余年之老厂出售于日商。呜呼！何其言之伤心而抱有余痛也。我国兴办实业已二三十年矣，凡百实业在此二三十年长时期中，当能坚定根基，而年来各省又设置实业厅以策励之。实业之振兴，又当乘时猛进。而环顾我国实业界所呈之现象则何如，其基础坚定崭然现头角者为数虽不少，其始而请求维持，继而宣告破产，终乃无复顾惜售诸外商者，年不知其凡几。政府虽不良，对于内国工商业放弃保护之责任，然而我实业界诸巨公，对于自己事业之生死问题宜如何其经心？如何其注力？试反躬自问，不识曾尽此商人之天职否？欧战至今已四年余，百物昂腾，倍于曩昔，我国工商界往往借口受此次欧战影响，以致一蹶而不振。然而日本之大小工商业，在此欧战期中，利用此千载一时之机会，发展其内国实业至于极点，金源满溢，大有满谷满坑之概。而我国之工商业则反是，言进取，则缺乏迈往之精神；言保守，则并无坚实之壁垒，争出其不谋而合之自杀政策，日日言维持，日日言售卖，以中、日两国之工商业家之程度及学识相比较，良心以内，自有公判，无烦予人之多言矣。我国自辛亥以来，战斗频仍，内讧遍地，商业因之以萧索，金融因之以枯竭，不受兵匪劫掠之惨祸，即受苛税累加之痛苦，百货停滞，群商束手，今日而言振兴实业，亦且难于登天。虽然，平情以衡之，我国实业失败之原因，岂仅内讧之为害已哉。玥尝仔细推敲，而恍然于我国实业家之所以失败者，厥有四大端：（甲）以实业界老辈自居，一意孤行，习非成是，虽有忠言不能纳，虽受挫折不能悟，视司事如奴隶，待工人如驴马。此失之于傲慢者，一也。（乙）购货不问其优劣，只求其低廉；出品不究其良窳，但望其脱手。事前无预算，临事无研究，事后无觉察。对于事物，可以谓之为无管理；叩其身心，可以谓之为无精神。此失之于疏忽者，二也。（丙）或则以侵蚀为能事，或则以豪奢为阔手，既大局之不顾，惟私便之是图。股东血本，视若粪土；自家责任，弃如弁髦。买卖出入，惟意所为；结党营私，毫无顾忌。此失之于舞弊者，三也。（丁）不从实际上立脚，专向幻空中琢磨，望盈余之数于气运，托去取之权于神鬼，视贸易如赌博，作孤注之一掷，信用未立，不知抱惭，挪移术穷，终至歇业。此失之于宰求者，四也。欧战之于我工商业，为祸为福，言人人殊，无须赘述。然此项厄运，终有尽期。内讧因外资之接济而烈，一旦押无可押，借无可借，阋墙羞剧，闭幕有时。惟此四种劣根性，不识何日方能拔除净尽，有一于此，即足以召失败，兼而有之，更不堪矣。迨欧战已终，内讧已息，各国工商业家且将重整旗鼓，逐鹿中原，苟我国实业界中，于以上所指出之四种劣根性尚未拔除，则我国如许有望之实业，仍恐辗转入于外人之手而无所底止。惟恐若干年后，茫茫大陆上尚能飘扬我五色国旗否？予念及此，不知予涕之何从来也，不知我国实业家能否有动于中，鉴彼前车，而力求自拔之道也耶？

中国实业缘何失败

　　中国提倡实业，四十年于兹矣，竭政府之才力、财力，于通都大邑设船局、建工厂、做国人模范，且编订条例，用资奖励。此外振兴实业之论说策疏触目皆是，或侈谈中国之富力，或倡言民族之精勤，鸿篇巨制，斐然成章。然环顾国中，除外人之工厂日新月异，及三数华人自设之工厂外，竟无实业之可言，岂吾华人无振兴实业之能力欤，抑振兴不得其法欤？此中大有研究之余地矣。

　　仆不敏，近十年亦颇注意于实业，抵美后东奔西驰于各方面，细探新大陆致富之源，并默察吾国社会之状况，恍然见吾国实业失败之理由凡八。是否确当，不敢自断。倘亦足供吾国人之研究者乎。

　　人苟有志于实业，皆可从事，要须得富有科学智识及经验者主持之，庶办理较有把握，则实业学生尚矣。比年以来，欧美日本及本国之实业学生亦实繁有徒，顾与实业无丝毫之影响者，何哉？是其中得归咎于学生者半，而半由于社会无远识，政府无宗旨有以致之耳。夫求学贵有目的，随性之所近，择定一科，竭四五年之精力，以求其融会贯通，归而贡诸祖国，方收派遣学生之效。留学生中注全力以研究专科而学问深造者固多，然忽而工，忽而农，忽而又改他科，但求一纸文凭夸耀乡里，不从他日办事上着想者亦颇不少。甚有因乱事、因政党而改学科者矣。此学生之目的不定，一也。

欧美日本大学之实业科，往往学理与实验并重，故农、工、医、矿及各学科之学生费极多之时间于试验室，然此实验不过一小模型耳，于场厂之管理用人行政仍觉纸上谈兵。设有一应用化学家，于造纸、制肥皂等法，靡不心领神会，叩其所学，则津津而乐道之。倘一旦授以全权，布置一纸厂或肥皂厂，恐不免张皇失措，手足无措矣。且吾国人自幼养成懒惰恶习，故实业学生中，颇有不愿在场厂练习者。如此之人，回国办事，眼高手生，焉得不生阻力。此学生缺乏实习工夫，二也。

学生在家，平时受父兄师长之约束，于他种社会少接触，迨远游五六年，遄返祖国，而社会竟忘其为何许人，虽具大学问、大志愿。丽社会上之信用毫无所见，加之商业凋零，银根奇紧，商人自顾尚不暇，安能及于实业，而集股难矣。此学生缺乏社会信用，三也。

实业家所最应注意者，则管理法是也。而管理法之要旨，则场厂总理应熟谙全部分之手续，庶几有利则兴、有弊则革，用人行政，均得其宜。历观吾国实业之失败，关于管理法者，其故有三：

大抵总理一缺，往往属于稍有时望之人，至于此人之于此事，有何学说，有何经验，不计也。即无学识经验，而此人之能否专心致志以办此事亦不问也。总理与事隔膜，而使事业失败者，一也。

吾国人爱排场、重情面，一厂之设。尚未开张交易，而某部若干人，某科若干人，冠冕堂皇，与衙署相伯仲，一若啖饭之人不多，事业不能振兴者。此失于过宽者，二也。

间有苛刻之辈，以扣减辛工为能事，但求有形之减省，罔知无形之消耗。盖刻减辛工，大非工人之所乐，工人而不能乐其业，则惰心生，惰则出货迟而成本遂加重。此失之于过严者，三也。

且吾国普通之人具管理之才者为最缺乏，盖管理法即治人之法也，吾国人素乏自治能力，自治尚不暇，焉能治人。即实业学生何独不然，受学时期，往往不注意于此，迨回国办事，觉左支右绌，处置为难。此实业学生昧于管理法者，四也。

贪逸恶劳，人之常情，而实业学生甘心操作于场厂者恐不及半数。迨回国徒受社会上种种之感触，于社会之感情渐相冷淡，或且趋重仕途，为其薪俸优厚，不负责任。倘于社会上办一实业，幸而告成，心血已耗去大半，且薪水亦薄，每月百两以上者殆不多见。故不惜抛荒宝贵之光阴，作行政界之点缀品，用非所学，比比皆是。有工业家入银行者矣，有农业家而办铁路者矣，欲其收效也，不过影响谈耳。此实业学生贪于逸乐，致使实业失败者，五也。

之五者，有一于此，足阻实业进行，而况不止于一乎。然亦不能全归咎于学生也，盖所谓人才者，除农学生尚能自用其才外，余则非政府用，即社会用。今政府遭此多事之秋，何暇顾及实业，用当其才，尚非其时，而学生又与社会少接触，且地方不靖。号令纷更，商业停顿，金融阻滞，资本家虽注意于实业，亦有志未伸。盖吾国实业失败之原因，关于社会者亦有误点在焉，当十年以前，社会之崇拜留学生，竟不可思议，以为救中国之贫弱惟留学生是帧，不问其道德学问能力如何，及素所研究者何种学问，但愿借此得一进身之阶，为亲戚交游光宠，至于民生大计，实非社会中人梦想所及，嗣后留学者日夥，人品遂杂，而留学生之手段能力，间有更劣于旧官僚派者，于是向之崇拜者，今则鄙弃之、轻视之，几疑留学生中无一完人。殊不知留学生不过多读数年外国书，仅得科学之皮毛耳，苟能用其所学，竭毕生精力以研究之，或可成一专家。假使用非所习，与常人等，安用此留学生为。凡期望过奢，则失望更易，因失望而致灰心，而实业界竟暗中遭一打击。此失于社会期望过奢者，六也。

假使有学生于此改良工艺，试验农产品，行之数年而未见效果，且间有失败者，于是社会中人大肆其簧鼓之舌，诋毁不遗余力。殊不知改良工艺及农产品，其难等于改良政治与改良社会习惯。夫改良政治及社会习惯动需数十年或百年，改良物质何独不然。盖破坏易而建设难，破坏由于自然，如水之就下，其性然也；建设全在人为，如水之受激而向上也。物质改良即建设之谓，非历年久远安可以收改良之效。今不期其久远而但求其速效，稍有挫折即大肆讥评，务使任事者灰心丧气，而实业前途愈不可问矣，此失于社会求效过速者，七也。

至于吾国实业之失败关于政府一方面者，则奖励是也。今不行保护政策，惟奖励之是务，欲全国之实业振兴，是南辕而北辙也。盖奖励者，虚荣也；保护者，实益也。争名者于朝，争利者于市，而实业家乃争利者，非如热中之官僚派徒尚虚荣者可比也。更进一层而言之，目今吾国人之衣食用三品来自外洋者甚多，振兴本国实业即抵制外货，而财源不致外溢。夫倡办实业，其艰难困苦自不待言，而横征暴敛，罔恤民艰，土货之税，重于洋货，甚至局员多方挑剔，关卡节节留难，侥幸成立而持久者能有几家。果能支持较久，出货尚优，政府从而赏一章、赐一牌，未尝不足以彰政府提倡实业之盛德。然出货既优，市场上已占得立足地，政府即不奖之亦复何损，反是虽奖之亦复何益。此不过一种愚民之政策耳，于实业前途，无丝毫之补救。此政府不采保护政策而使实业失败者，八也。

至于补救之法，千条万绪，非短篇所能了。简言之，则吾国理财家应以远大之眼光厘定税则，其收效当在五六年后。竭泽而渔之政策，自杀政策耳。社会中人须知社会与身家有密切之关系，而社会健康与否应视有无实业为准。有实业之社会，则人民生计裕如，道德因之而高尚，熙来攘往，得人生之乐趣。然尤必毋求速成，毋具奢愿。即有倡实业而遭失败者，苟非主任者放浪淫佚所致，尚当尽力维持。以求最后之胜利。盖失败者，成功之前驱也。而实业学生所最注意者，即除去数千年遗传之官吏思想是也。无论居官者如何锦衣玉食，如何坐拥万金，实业学生，断不可为所诱惑，变吾素志。世有龉吾说者乎？愿各自努力进行，以达振兴实业之目的，则吾国前途，庶有豸乎！

劝工银行之设立有未可一日缓者

我国自提倡实业以来，垂数十年于兹矣。乃富国之成效未见，各业反濒于穷途，自给之虚愿难偿，百货大开其漏卮，试纵观内国工业界现状，不特固有之残局不能支持，且每况愈下不克在爱用国货声中求一立脚地。有职之士，怒焉忧之。谓为国内无人才乎？则优秀之士所在都有。谓为国民无财力乎？则钜万金钱咄嗟立集。谓为当事之人只知争权攘利，互相排斥，以致终归于失败乎？然各都会无限公司，乘时进取以扩展其本业者，为数亦不少。谓为工商界无远识之士以操纵之，故等于冥行者之掷埴索途，自然陷于困境乎？然而工商各业，虽无政府保护，尚能竭智尽能以争一线生机，迂回曲折，以有今日，则吾工商界中人之能力经验，亦不可为不厚。然则内国实业不发达之原因，果安在耶？

人之生也，必须有旺盛之血液营养全体，然后五官四肢方克各尽其天职。内国实业之发展也，全赖雄厚之经济，左右调护，然后地方百业自然日跻于隆盛。经济之于实业，犹血液之于人身，关系之大可不言而喻矣。今者内国经济万分竭蹶，息率骤增，汇兑不通，此时而欲希望实业之发达，岂不夏夏乎其难哉？

年来我国银行事业发展颇速。固我国经济界之好现象。第前此举办之各银行，商业性质者居多，间有以实业之名义立业者，然与工业界不相接近，故工业界之获益者良鲜，而小工业则更无论矣，此则劝工银行之设立，有未可一日缓者。

间尝研究东西各国工业发达之原因，莫不仰赖银行之抱注。此类银行，大都由政府组织之以宏提倡者，而在我国，则政争纷扰，一般野心家日夕孜孜以个人权利为急务，安暇为国人筹划积极进行之方策，而谋国家之富强。虽然，共和国国民，凡事须有自动之精神，苟政府能援助之，固属佳事。如其不能援助，则合力自谋，以求发达内国之富源，为共和国国民应尽之天职。由是言之，劝工银行之组织，亦共和国国民分内事也。

自五四运动以来，民气日盛，抵制劣货，全国响应。乃为时无几，锐气骤减。呜呼！岂我国民缺乏决心与毅力有以致之乎？夫亦以家常日用品中国货稀少，故不能不仰给于人，而作此饮鸩止渴之举耳。世不乏热心远识之士，持百年久长之计，以求国内务小工业之发达，而后外来之劣货无可乘之隙矣。其计维何，即尽力促成此劝工银行，作各小工业之补助机关，维持之而发达之，起点虽小，收效自宏焉。

客曰：子与诸同志组织之劝工银行，虽集资百万，为数究属无几，安能以发展全国实业为任务哉？应之曰：君言良是。然百万资本，特始基耳。按之盈科而进之公理，正可逐步扩张，以应时势需求也。况乎此劝工银行成立后，其同类银行之接踵而起者，固属意计中事。请进一步与客言之，劝工银行除普通营业外，更有关系于振兴内国实业之要计数则，属于调查者四，属于建设及促进者二，请约述如下。

（甲）调查欧美、日本及本国学堂之工科毕业生，并曾办各项实业失败而有经验者，详记各人之专门学识与所得阅历，通信联络，遇有机会，即介绍而聘用之，使专门人才不致学非所用而长此湮没。

（乙）请各地方热心家，调查各当地各种特产品之足供工业原料用者，借以推广各工业，俾地无弃材，以达利用厚生之目的。

（丙）调查海关进口货物，俾国人晓然于金源外溢之巨大，而图补救。

（丁）调查全国已设立之各工厂各项工业，每年出数若干，并对照每年进口之制造品若干，择其最急者，设法提倡以图抵制。

（戊）邀请专门人才担任顾问工程师，各厂如有组织或改良等事，可向劝工银行延请，借免耗费。

（己）编辑《劝工月报》，将调查所得之资料及全国工业进行状况，随时报告国人，借作兴业南针。

以上所拟办之调查事项及出版事业，所费无几，而于工业上则有大关系。盖我国工商业前此类皆暗中摸索，事业之成败素无规划，——委之于命运，千车一辙，故失败多而成功少。有调查报告，则做事有根据，补救有径途，其失败当然可减少。劝工银行关系工业前途之远大有如此。虽然，劝工银行此日之成立，来日之发展，全赖各方面热心爱国志士之赞助，此系提倡国货，杜塞漏卮，造福社会，巩固国力之积极的事业，出各自积极之眼光，积极之愿力以促进之，不禁馨香祷祝以观厥成也。

花贵纱贱需政府改良内政

棉花为纱厂唯一之原料。近数年来，因纱价之高昂，花价亦随之而增长，宜也。惟自本年情形观之则异是，纱价频跌，而花价频涨，业纱厂者无不受亏。而普通社会犹视纱厂为利薮，不知所以保全之，一旦纱厂业不能支持，则全国金融无论直接间接咸将蒙其害。此花贵纱贱之原因，所以不得不研究而谋所以补救之也。

观世界之商务已有天下一家之势，商市之低昂高下，其原因有在数万里以外者。本年花价之所以如此高昂与纱价背道而驰者，虽在国内亦有一部分之关系，而其最重要之原因则在国外。美为全世界第一产棉国，前昨两年花价低落，因而减少种植，以致去年收获仅有834万包，本年收获仅有944万包，至本年七月底调查存棉仅有490万包，预算至明年七月底将尽数用罄，此美棉价高之原因一也。

又美以欧战之故，国家富力增高，遂致一切物价昂贵异常，生活费异常巨大。年前曾有群众运动，力持节购主义以减低物价。本年物价低落已至相当限度，衣料为人生所必需，势必多购以补不足。匹头棉货之广销，此美棉价高之原因二也。

战后商务陡衰，工业受亏，因而减少工作，工人失业者日众，遂不得不抑志降心，以求食于工厂之门。于是向之仅愿工作八小时者，今已工作九小时或十小时，而其工作且愈加勤奋，俾免为厂中所淘汰。美之棉织业遂因而获利，出数盛，需棉多，此美棉价高之原因三也。

次于美而以棉产著名者为印度，印棉价格向以美棉为转移之标准，美棉既贵，于是印棉之价格亦不能低下矣。

吾国为全世界之第三棉产国，近年以时势之需要，产额时有增加，然以去年通花歉收存底本少，又本年新厂陆续开工，增添需要甚巨，以致本年棉产虽大致甚佳，然以纱锭增加之多，供求究不相抵，此华棉价高之原因一也。

又以政局不靖，土匪蜂起，内地植棉之农民，运棉出售既多困难，携银归家，尤多危险。以致存棉不售，心存观望，各口岸之棉花来源，遂形减少，此华棉价高之原因二也。

到市棉花途遇军队，虽已完厘税，仍须任意加征，或美其名曰："保险费"，苛税重重，成本日昂，此华棉价高之原因三也。

日本棉织业素以美棉、印棉为大宗原料，本年美棉飞涨，印棉亦昂，遂向吾国方面收买巨数华棉，捆载以去，以供急需。而美国方面亦以棉价过高，有上等华棉运去。此华棉价高之原因四也。

日本在华新设纱厂甚多，现上海、青岛二地约计已有日商纱厂150万锭，已开车者约100万锭。华棉虽昂，尚较美棉低廉，日本在华既拥有巨数纱锭，又利用其雄厚之经济，敏捷之消息，以大购华棉。此华棉价高之原因五也。

日、英虽同为岛国，然英之棉织业皆纺细纱，故尚能竞存于今后之世界，日本则纺粗纱，出数多而销路滞，不得不以中国为尾闾。上海纱号每将日本之三品为准绳，日本气象不佳，则中国纱市亦难起色。此纱价低落之原因一也。

内乱频仍，内地纱号已不敢放账，益以土匪时发，无形损失极巨，虽存底已空，亦不敢放手进货。各口岸存纱，以军队忙于运输交通为之阻塞。以此种种因由，棉纱遂不易畅销内地，此纱价低落之原因二也。

即使内地稍有销路，日本纱既蜂拥而至，在华日厂又尽力开出现货或期货，买者为数少而售者为数多，此纱价低落之原因三也。

合观上述，花贵纱贱之原因，已可概见。忆民国五年，袁氏称帝时，三月、四月、五月间，16支纱仅售银84两，而购花成本须86两，工缴完全无着，纱厂受亏匪浅，今其时又再见矣。吾国纱业之不振，由于外力之压迫者半，由于内政之纷乱者亦半。然吾国民当知外力压迫可求助于政府，内政纷乱绝不能求助于外人。若内政常此纷乱，则不但纱业受其害，凡百商业无一不受其痛苦，是以在商言商之旧习，已不复适用于今日。吾商民对于政治必须进而尽其应尽之责任，急起联合商界重要分子，用各种方法逼迫政府改良内政，则商业庶有恢复之望。否则商业愈衰，生计愈艰，非至全国沦亡不止，纱业不振，犹其小焉者也。

中国实业进行滞缓之四端

民国奠基，于兹十年，祸乱相寻，迄无宁日。驯至民生凋敝，更甚于前，国库空虚，每况愈下，论者推本究原，以为国势之所以陵夷至此，端由实业之不振，而归咎于军阀武人之养兵自卫，攘地扰民，尽其豆相煎之能，成南北分裂之局，钩心斗角，召乱滋纷，只便私图，罔顾大体。而政客议员，又复涛张为幻，嘘气成云，借政党议院之美名，依军阀武人以自重，乍离旋合朝秦暮楚，载鬼盈车，聚哄一室，而于关系国计民生之至计非特不加保护，抑且从而摧残，国家元气之所由斫丧，社会事业之所由堕落，咸因于斯。道谋筑室，祸起萧墙，其影响于实业，而其患之延及于国家社会，诚如论者所云。惟余以为中国实业所以不振之故，其受病之原尚有大于此者，若举委其责于军阀武人政客议员此语，所谓审于腠理之疾，而忽于膏肓之病矣。

我国实业本在幼稚时代，尚须待政府之扶翼维护，俾之前进。顾我国政局，淆乱迷离，靡有底止，而当局诸公，又方依违于军阀政客之间，补苴罅漏，苟安旦夕，复奚暇留意实业为之规划指导，以树百年不拔之基。所赖全国人士视此为救亡要图，出其全力于兵荒水旱暴征繁敛之中，促进此略具雏形之实业，使其规模逐渐扩充，事业逐渐进步，勇猛直前，斯方为得。乃反观吾国近数年来，实业之外表似有蓬蓬勃勃之势，而一察其内容，则颇有旅进旅退之状。瞻念前途，不寒而栗。其所以进行滞缓之故，虽千头万绪不可更仆数，而其受病之原则不出乎四端。

一曰只求近利。古称戎狄之师，胜不相让，败不相救，我国商人情都类似，每有微利可图，则群起拾抶，奸伪贪诈，恬不为怪，人方精益求精，而我乃得过且过，甚且冒牌戤彩，视同固常，徒见目前之小利，而不顾信用之丧失。茶业一落千丈，职是之由。迨事后补救，大势已去，亦已无及，言之可痛。吾国出口货荣誉之扫地，半因于此。

一曰目光太近。古人言："植果之利五年，植木则倍之，而所获则三焉。"夫汲深必须绠修，徐行方可致远，故近世实业家，往往有以至微之资本经营历一二十年，遂成伟大之事业，盖积愈久而利亦愈厚。今之资本家昧于此义，甚有朝投资而夕即责偿者，责偿既勤，获利自非，一遇缓急，易致竭蹶之象而贻瓶罍之羞，是所得且未偿所失，然其足为实业之障碍莫此为甚。至于办理实业人士，又多喜逐步效颦，乏创造开拓之能力，拘局于一隅之见，不能移其目光于全国，故其范围小而获利亦不大。深愿全国人士协力同心，通盘筹划，为有条不紊之组织，以开拓吾国固有之富源，而杜塞无穷之漏巵焉。

一曰学用不相称。今之办事者无不曰人浮于事，谋事者无不曰谋事非易，然就余数年办事之经历而言，深觉此种论调似有未当之处。尝私谓吾国今日非人浮于事之患，人多而不敷应用之患；非谋事之非易，而谋事者存微幸苟得之心，故遂觉其非易。夫就职任事当循序渐进，学识自能与经历并增，此古人所谓大器晚成也。而今之为事者，大都但求增进其地位，而不知自审其学力，其所希望者恒逾其学力之所胜，是以每有创建辄以环顾知友中无人胜任而中辍，非果无人胜任也，能胜任者愿已不止此矣。此种蹑等而妄希非分之心非特足以偾事，亦且戕贼人才，使之不能诣乎深造之域，其阻碍实业之进行也实甚。

一曰多企业而少实业。企业为辅助实业之事业，苟能运用得宜，自能收指臂相维之效。实业者产生之物品，全赖企业者为之先导，而尽其宣泄之妙。唯是所须分量，当与实业相称，否则恐慌止见，而市面且为之纷扰不宁。吾国办理实业人士，大都寡于经验，短于识见，故往往专重企业。方曩岁匹头一业，因先令之骤缩而失败，几致牵动大局。近日交易所、信托公司之风起云涌，识者以为将蹈橡皮股份之覆辙，诚非过虑之论。非企业之不可经营，特今日之经营企业者大都以身家生命为孤注之一掷，又无商业之智识以为之辅，而办理实业者亦咸以其所办事为企业之投机，舍本根而谋枝叶，长此不已，何堪设想。此则不能不望吾国实业界之谨慎将事者也。

以上四端，均为吾国实业进行滞缓之因，而其病则深中膏肓，非如军阀武人政客议员为害之仅及腠理也。夫病宜求其所由，不外乎缺乏工商业智识而不肯安乎其位之故。以今日交通便利，万国辐凑，商业情形，一瞬千变，经营实业者当放其目光于世界，然后能知彼所嗜，投彼所好。否则人步亦步，人趋亦趋，彼已占其先著，我方随其后尘，复何能立足于商战之场。故增加智识，为今日办理实业人士惟一之要图，而提倡实业教育，沟通实业与教育之界限，此则余所持以为培本之法者也。

振兴实业之程序

年来我国实业如日方升，各项事业中呈活泼进展之大观者尤以纱业、面粉业为最。而各业发祥地点大都在水陆交通便利之处，此外则殊沉寂焉。有心人力谋内地得均平之发展，逐渐移开辟富源之主张于内地，予亦凤植此主张之一人也。但组织公司良非易事，事前苟不悉心筹划，倘偶蹈绝地，则振拔无由，不但金钱化为乌有，即国民济时之希望及赴事之热诚亦且随之以俱去。当此国家多难，实业萌芽时代，何以堪此。不揣愚陋，爰将交通便利处实业所以发展之原因及内地通有之障碍，以及农工商发展之程序约略言之，聊以供振兴实业者事前之考量，借减以后之困难，倘亦海内有心人所乐闻者欤。

工业能增高农产之代价，助进商业之繁昌，实为惠农益商裕民足国之枢纽。请先言工业，夫组织工厂之要点有九：曰人才、曰母金、曰原料、曰机器、曰佣工、曰管理、曰交通、曰市场、曰金融，此数端者缺一不足以使公司发达至于极点。而交通便利处，人烟稠密，人才荟萃，金融流转，运输便捷，原料劳工罗致俱易，制出货品行销畅达，苟主持得人，管理合法，公司之隆运可以立至，此交通便利处实业勃兴之主因也。今以上海一隅论，五年前工部局推广电气计划，区区一租界内电力竟达三四万基罗华脱，年来境内工业之因以振兴者不知凡几，盖电力为一切动力之母，有一大电气公司供给电力，则无论大小各工厂所用之原动力可由此而出发，成本因之轻减，管理因之简便。他埠无此便利，实业发展之情形，不觉瞠乎其后。仅原动力之便利，其收效尚如此，余可概想矣。

内地因教育不兴，民智闭塞，交通不便，金融呆滞，于发展实业诸要点所缺过多。加之各大埠资本家类多故步自封，是以虽有少数有力者起而图之，往往以种种原因旋作而旋辍。此非内地实业之不克振兴也，盖尚有先决之问题在也。

工业中所最重要者，厥唯原料。棉质不改良，纱布竞争难以制胜；麦子不改良，面粉出数何以丰富；蚕桑不改良，丝茧产量何望增加。举一二以概其余，知改良农产实为当务之急，而农产之改良，尤为振兴内地实业唯一要图。无如执政当局类皆人自为谋，无暇顾及，内地人民罔知命脉所在，绝少研究。地利无限，天惠可惊，苟稍稍整理，日用百物应俯仰自给而有余。乃以农也不学，学也不农，故蹉跎暴弃，数千年著名之农业国，于农产上非但无尺寸进步，且日见其退化，民生日用竟减缩自给之能力，反相率仰给于外来物品，不但互市之场舶品跋扈，即朴陋偏僻之乡，若者为必需品，若者为奢侈品，亦莫不喧宾夺主焉。吁！可怜亦可慨已。

美利坚合众国立国以后二十五年间，国内实业尚无若何之发展。厥后四十五年间（1815—1860年），为国内实业逐步发展之时代。时彼国执政诸贤，勠力一心，开辟新地，自东徂西，横贯全州之第一铁道线由此告成。同时发现加利福尼亚岛金矿，厚生利用诸大业，因以循环开发，由是益努力谋陆地交通。当1860年，有铁道3万英里。至1900年，相距仅四十载，增加至20万英里。至1915年，全美国铁道线竟有25万英里之多。干线之旁，广筑支路，星罗棋布，密于蛛网，总延长超出全球铁道线二分之一以上（全球铁道线不过49万英里）。全美境有横贯大陆自东而西之五大干线，联络太平洋、大西洋，瞬息相通，速力甚大，输运便捷，世无其匹。棉带麦带，黄金遍地，使美利坚为世界第一物产丰饶之国者固然归功于农产，然扼要言之，无非受交通之赐而已。我国面积较美国更为广袤，经营铁道事业至今已阅四十载，全国铁道线号称6千里，不及美国铁道四十分之一，农产物淤塞陈腐于腹地者不知凡几，遑论改良。暴殄天物，其谁之咎欤？即久已通行之各铁道线，三数著名大站，规模粗具，余均鄙陋荒芜，毫无精彩，此无他，但有干路，附近各区域未曾衔接一气，广辟大道，以致交通仍滞，运费殊昂，行销为阻。不但此也，即使农产物运送到站以后，铁道管理，殊欠完密，需车者手段灵敏，而路员亦狡黠殊甚，坐使货积如山，一任风雨之摧残，往往停滞兼旬，不能运出，母金因之而亏耗，时机因之而逸失，商人相率裹足，而内地之财源遂未由开发矣。设使内地货物，竭智尽能，竟送至各口岸，而又苦无自行组织之运输机关，直装欧美，商而不通，所获遂微，而有时且受人之垄断把持，失其自救之方焉。呜呼！长此仰人鼻息，不知何时得以自拔也。

　　鄙人于此敢下一断语曰：欲图振兴内地实业，一方面应先推广铁道，更于铁道沿线广辟大道，以便运输，其在交通当事，急宜仿行欧美便利货物转运方法，将路政严行整顿，以惠农工。另一方面改良农作，增进产量，使内地金融逐步呈活泼气象，人民生计，渐能裕余，然后酌量各地情形，次第谋划各项实业，农工并兴，而商业亦随之以发达矣。我国不乏识时俊彦，果能开诚相见，互相联络，分途并进，不出十年，吾知中国之实业必有可观者矣。虽然，吾尤渴望贤人在位，政治澄清，苟常此南征北讨，争权攘利，惟地盘之是图，舍国难于不顾，而不改弦易辙，求所以自立之道，若干年后，吾民将为奴隶之不暇，遑论实业之发达哉。

今日农工商业致病之症结

民国扰攘，十载于兹，风鹤惊心，疮痍满目，农辍其耕，工罢其业，商停其市，哀我国民，无往而不在水深火热之中，斯何景象，予欲无言。上海新闻报馆主任汪君汉溪，痛念民生之疾苦，于无从挽救之中欲进根本救亡之说，仍属意于振兴农工商，作吾民力求自拔之南针，以予涉足工商场，且与农民至接近，见闻或较切，俾进一言，以慰邦人士喁喁望治之殷。予虽至简陋，又焉敢缄默无言，重违汪君笃念民生之雅意。虽然，振兴农工商业，人才与时会并重，得人者昌，为职业界历劫不磨之金言，无论何业，苟得有才识有毅力有素养之士为之主持，则各本业之节节进展也可以豫必。故农工商百业苟得人为理，则振兴尚非难事。虽然，以我国今日大势观之，距振兴农工商之期实远甚。无已，姑就妨害农工商发展之症结所在约略指出之，作医国者对症下药之一助可乎？

土匪日滋，流离迁徙者接踵于道；小民何辜，横遭蹂躏者死亡枕藉。谁实为之，非举国疾视之丘八者流乎？此辈岂天生而为残杀之人，盖昔也饥寒交迫，争应募而为兵，今则生活无能，被遣散而成匪。平民而经过队伍生涯，安守秩序之良习一变而为目无法纪之暴徒，兵也匪也，实一而二、二而一者也。募兵愈众，则造匪愈多，人民所受之痛苦愈深，不仅增加负担而已。滥于招兵以祸国，此症结所在之一也。

乡无宁居，转徙入城，食口众多，物价以之而昂腾。工业未昌，生计苦无所补助，当地居民，生活上骤蒙不良之影响，不待言矣。况乎繁盛市都，往往有军队驻扎，设不幸一旦因故兵变，玉石不分，地方糜烂，如直隶之高阳、湖北之宜昌、河南之许州等处，千百年蓄养之精华，一旦化而为灰烬，吾民以何冤业而遭此惨劫。且也拥兵自卫者，有时亦为其部下制死命焉。兵犹火也，不戢将自焚，此症结所在之二也。

轻于出师者无名，勇于私斗者不武，一家骨肉，中原岂逐鹿之场；五族共和，四顾无扬鹰之地。乃有图穷匕首见，因私利而称兵戈；威胁令行，驱良民以填沟壑。占要道而交通为梗，夺货车则输运无从，横截上流，商船被扣，强迫劳役，商货不前，各地金融因之紧迫，万般货物难以成交。运兵愈忙碌，交通愈阻滞，货物失调剂之道，商民受交困之苦。况乎出动则军需紧急，所经则供应道穷，即使轻骑疾走，一尘不扰，而地方已饱受虚惊矣。何况设心筹募，罗掘多方，而绅商实首承其敲吸。大军所过，千里赤地，此症结所在之三也。

两方开衅，犹之豪赌，一战动耗数十百万金。阵地残骸，莫非国家赤子；善后债累，究竟取偿黎民。军事家死读兵书，纽于往事，迷信武力，隐然以古名将自期许。岂知今昔异势，植虚愿而徒遗后祸也。昔曾氏治发逆垂十载，所向无敌，而赖以奏宇内肃清之伟绩者，其大原因得饷需之策源地，而更得胡林翼氏之坐镇武昌，调遣有方也。胡氏一书生耳，以长于治术，累擢湖北巡抚。当洪杨势盛，军情紧急，饷需浩繁之日，独能持筹布算，权取一时，以解眉急而抒国难，创新税、通盐运、改漕章，剔除中饱，增益收入，各地军费，赖以接济，商务繁兴，人民乐业。益之以湖南富庶之区，联为一气，使曾氏指挥将士后顾无忧，所向有功者，虽曰天命，实由人力。当斯时也，两湖财富甲天下，并非两湖之有何无尽藏，不过百货流通，从商务非常发展之中稍征微数，而商民不觉其苦。今也何如，民不聊生，苛税垒加而不已，商罄其产，诛求无厌而难堪。鲁先哲有言曰："与其有聚敛之臣，宁有盗臣。"今者吾商民所受之痛苦千百倍于聚敛矣，此症结所在之四也。

以上四者不但为农工商致病之症结，实亦妨害人生之幸福，阻止人类之进步。吾全国人士谁不欲求幸福谋进步者，既识破症结所在，知必举国一心急思所以力除之。决不复因循坐误，痴望结毒之自消，自病还自医，亦不劳借用外力，以求性命之苟全。其道唯何，即各地方农工商有力分子，以去症结、谋幸福、求进步之决心，组织正当团体，起而自谋。扶之以正气，出之以至诚，将彼病菌扫荡而扩清之。盖正气长，则邪气自消，至诚浓则团力自厚，举国一心，共出其百折不回不成不休之精神以为之。俾当局者知人民疾苦无可再忍，众怒难犯，无法可抗，凛然生惧，就我范围。症结既破，民治始成，如是不但可免陆沉之祸，且可媲美列强矣。

为中日商约事敬告全国商人

甲午之役，中国国威丧失殆尽。《马关条约》于1895年4月17日，受势力之压迫而签订。承认朝鲜之自主，并割地赔款通商等，无不一一唯命是从。又于1896年7月21日根据《马关条约》之第六条，另行签订中日通商航海条约。第二十六条之规定，有"——日后如有一国再欲重修，由换约之日起，以十年为限。期满后须于六个月之内，知照酌量重改。若两国彼此均未声明更改，则条约税则仍照前办理。复俟千年再行更改。以后均照此限、此式办理"云云。今则情势迥异，此项商务条约，一再默认，不知改订，殊失国民天职。乃忽忽间距重修期限，又为日无多。环顾国中之有力者，日以横征苛税扩充地盘为能事，而人民之富力能供其搜刮与否，不问也。人民之生产力增进与否，不问也。至于人民之权利及幸福，不使摧残，已属万幸，遑云保障。故望有力者之援助重修此约，期臻妥善，借以保留立国之要素，恐难如愿。即今之柄国政者，对于此次修约，或已早有预备，无如政局变幻无常，恒视实力派之转移而定其进退。故政府虽欲为吾民稍尽责任，恐为时势所限，难期尽力。然则将一任此约之满期，而不加修改乎？抑否乎？夫国以民为本，若当局既漠视此约，不加注意，将使国无以立，民无以存，吾民于此亦可默尔而息乎？愚意兹事体大，非全国人民起而督促之、援助之，窃料终归于失败。然商人亦同是国民，且于商约上之利害，受直接之影响者，较他人更为亲切，则研究而助其改善之，亦分内事也。玥不自揣，谨将修约之关系，及如何助其改善之法，供诸吾商人，并愿共同研究之。

考国际间订约之主旨，即使关于军事、政治等条约，亦往往含有经济侵略之性质，若商约更无论矣。盖一国有发展，即与他国有冲突。欲免去冲突而求相互之利益，条约尚矣。故订立条约，往往强而智者取其精，弱而愚者得其粕。揆诸天演之公例，无往而不如是，唯对于吾国则尤甚。盖吾国于同、光间，尚庞然自大，而订约专员，又皆陈腐官僚，茫然于世界大势之所趋。与各国订约，但图表面，而于实权之损失，毫不顾惜，亦以当时彼辈之智识，尚见不及此也。溯自通商以来，经济损失之巨，实环球历史所未见，若不急起直追，速图改善，恐吾民之经济力尽，而国无以立。吾民之经济力尽，则购买力亦随之而尽。各国尚有何对华贸易之可言？审如是，商约之改善，而使吾国受国际间平等之待遇，在吾国诚有利，然在各国亦未尝无利。互利而两全之道，无有善于此者。当此中日商约修订之际，玥深愿日政府及其具有远识之人民，明了此义，而图两国永久之亲善。

日本受欧战之赐，百业振兴，夫人而知之矣。而其国际贸易额之激增，果在吾国乎？美国乎？亦欧洲各国为最巨乎？玥虽不敢必其贸易激增之数量，于吾国为最巨。第就吾方面观之，其激增之量，实足使人惊骇。兹依据最近三年来之海关报告，胪列英、日两国对华贸易之总数如下。

		进　口（两）	出　口（两）
民国十二年	英	368480785	219003379
	日	211025297	198517346
民国十三年	英	366930380	223413777
	日	234761863	201175926
民国十四年	英	269448859	162358159
	日	299755611	186337037

上表所载日本对华贸易，属于朝鲜者，尚不在内。而归入英国之香港对华贸易数量，尚有他国货物在内，向未计明，无从区别。观此而知，年来日本对华贸易，实驾英国而上之。则中、日两国之亲善如何能保存，而使永享此最大数量之贸易，此两国政府及其人民所急应解决之问题。玥不禁馨香祈祝以俟之！然为吾国商人计，对于此次重修中日商约之步骤，可约举如下。

一、凡我商人应备有国际条约大全，及海关新出之中英文条约等书，悉心研究此约之性质。

二、各商会及各私人团体应邀请具有外交或法学知识者，共同研究其如何改善之方法。

三、定期汇集全国意见，公决最后之方针，供诸政府。

四、请求政府遴选公正商人参与修约会议，务达改善此约之目的。

诸君乎！勿谓商人无权，而自外生成；勿借词智识未充，而放弃责任；勿惶惶然鉴于兵祸之临头，而不暇注意及此。顺知兵祸之来，不过一时。设一旦军阀觉悟，国是安静，而吾商人即有安居乐业之机会。若智识与权，要由吾商人自为之也。故今日而坐失此修约之机会，则吾国生存之命脉，势将剥削殆尽。况每年数万万之漏卮，何莫非吾国人之膏血！究其极，唯吾商人先受其害耳。诸君乎，事急矣！情迫矣！盖兴乎来！

救济棉业计划案

（一）引言

立国于大地，非充实内力，绝不足以御外侮。此事理之当然，而无所用其侥幸。故孙中山先生之"三民主义"，虽以国民革命实现国际上、政治上之平等为先着，而实以实业计划、物质建设，实现经济上之平等为归宿。实行民族革命、政治革命而不继以经济革命，则"三民主义"之革命，犹未得谓为完成。而中华民国之基础，犹未得谓为稳固也。今当北伐完成，一切建设开始之时，经济会议适于是时召集。列席会议者，皆一时之选。其所以谋全国经济之发展，求民生主义之实现者，当大有人在。湘玥不才，从事棉业最久，而感觉棉业之痛苦亦最深。衣服既占衣食住行之首位，而棉织物又属我国衣料之最大宗。中外通商以来数十年，外国棉货之输入，又永居进口洋货之第一位。在欧战时期，我国棉纺织业在形式上，虽曾略有发展，而华商各厂多外强中干，在实际上远不及在华日厂之猛进。最近数年，华商纱厂之售于日商者，已屡见不鲜。而外国棉货之进口，仍每年有二万万海关两以上之巨额。无论从国家经济上或国民经济上观察，皆有从速救济棉业之必要。对内力求棉货自给，对外力避经济压迫，以达我国人经济自立之目的。此救济棉业之所以不可一日或缓也！

（二）棉业与中国之关系

（1）经济上之关系

今日之中国，一经济落后之国家也。不但一般巨大工业，与并世列强相形见绌，即数千年来号称以农立国，而农业之幼稚，亦远逊于各国。欲求经济上之自立，千头万绪几不知从何入手。以湘玥愚见，则以整理棉业为最经济之办法。第一，棉货为我国民人人所需要。第二，进口洋货以棉业为最大宗。第三，我国现有工业以棉纺织居第一位，已有相当基础。试观海关报告，自清同治三年以来至民国十五年，每年进口超过出口，以致金钱外溢之数达五十余万万海关两，平均每年入超约为一万万海关两。若就民国二年至民国十五年之十四年间，入超总额228000余万海关两计算，则平均每年入超为16000余万海关两。其激增之数，实属可惊。而同期棉货进口之数，则有252000余万海关两。若我国棉业发达，棉货足以自给，则入超即可化为出超。再就我国现有工业而言，棉纺织工业实居全国之首位。虽其中缺点尚多，然苟能就已有者积极整理，力求进步，则欲求达到棉货自给，以免除经济上压迫之目的，并非为不可能之事。至于全国人民需用棉货之多，更为众目昭彰之事实。丝、麻、毛三项织物，虽各有其相当之价值，实远不及棉织物适于普遍之需要。三十年前，有识之士已痛言入超之弊，及减少进口，增加出口为致富之要道。整理棉业，不但仅求棉货自足，且可更进一步，求输出棉货之增加。我国土地之广，与北美相仿佛，而人口则多四倍。美国植棉之地，多至4600万英亩，每英亩合华亩六亩。每年产棉多至1700万包，每包500百磅，而纱锭则有3600余万枚。以视我国，植棉地仅有3000余万华亩，每年产额仅200万包左右，而纱锭连日英在华各厂在内，又仅有350余万枚者，则可知美国之富，我国之贫。棉业之发达与否，实有重大关系，而我国棉业前途之需我人积极整理，努力进取，亦可想而知矣。

（2）政治上之关系

棉业与我国之关系，不仅在经济上，同时对于政治有极大之影响。棉业不整理，则棉业不能发展，而我国人所需要之棉货不得不倚赖外人。金钱岁岁外溢，而国家为之贫穷。人民生计日窘，流为盗匪，此固不仅棉业为然，而其关系之重大实以棉业为最。不但如是，因前清政府之糊涂，订有不平等条约。外人可在我国设厂制造，以致洋商纱厂几遍全国，外人经济力达到之地，同时政治受其影响。不观夫日本出兵山东之口实，为保护日侨之生命财产乎？夫日本在华投资，除铁路外，固以棉业为首屈一指。而五卅惨案，亦起于日本在沪纱厂之虐待华工。向使我国棉业发达，不许外人投资经营，则在政治上不知可减却许多纠纷。此次日本出兵山东，虽有意挑衅，然究以保护侨民之生命财产为借口。而日侨在山东之投资，又以棉纺织工业为最巨。此后我国外交上之根本策，固以取消不平等条约为目的，而救济及发展棉业，亦为充实内力不可缓之要图也。

（三）中国棉业之危机

（1）原棉不足

向者我国棉花出口，亦为大宗土产之一。然其时纺织厂寥寥，一方出售棉花，一方购进纱布。进出口之数量几何、于国计民生之关系何若，固无人注意也。中日战后，洋商纱厂渐增，曾发生一度之棉荒，纱锭停顿不增加者，有五年之久。及日俄战后，纱厂又有增设，曾发生二度缺棉之恐慌，中间棉纺织业又复进行迟滞。直至欧战期间，始呈空前之发展，而感觉原棉不足之痛苦益深。最近数年，需用棉花加多，而本国棉花产额反有减少，以致华棉出口剧减，而洋棉进口激增。试看下列之统计，便知推广植棉之不可一日缓矣！

（单位：担）	民国十三年	十四年	十五年
中国棉花产额	7800000	7575000	5680000
中国棉花出口	1079763	800786	878512
外国棉花进口	1219284	1807450	2745017
	民国十四年	十五年	十六年
中国纱厂消费	4505531	4983685	5530185

此为华商纱厂联合会收到各厂报告之统计，实际尚不只此数。

（2）棉质退化

我国棉农缺乏知识，墨守成规，对于择种留良之法完全不知。政府及社会亦多漠然视之，无系统之研究及适当之指导。兼以连年战事，交通阻隔，内地棉农多不能得善价，往往迫于经济，割价售现，以致植棉无利可图，甚或亏折。以此种种原因，不特棉产减少，而且棉质退化。我国原棉本分中棉、洋棉二种。中棉纤维较短，长约英尺五分至八分，只适于纺20支以下之粗纱；洋棉皆系美种，纤维较长，约英尺八分至一寸二分，可纺20支以上、42支以下之细纱。唯近来棉质日劣，洋棉退化尤甚。例如，陕西产之棉花，向以品质较佳者著名，现已远不如前，纤维粗短，已不适于纺细纱之用。棉纺织业之进化，由粗而细，乃自然之理。我国则以原棉不良，细纺纱及双股线者，不能不倚赖美棉之进口，以致成本昂贵，营业毫无把握，有因而停机者。长此不图补救，诚我国棉业前途之莫大危机也。

（3）售卖棉花之积弊太深

原棉不足、棉质退化已为棉纺织业发展前途之大障碍，而售卖棉花之弊窦百出，尤足以损害中国棉花之价值，而使业棉纺者受无形之巨大损失。因我国棉花市场向无一定标准，售卖棉花者多为不规则之竞争。不问自己成本之多寡，而竞先以廉价抛去，及后无法弥补亏空，则以次花和佳棉混合，以为搪塞之计。更进而掺水和棉，增加潮分，以期得不正当之利益。尤有地方以洁白之沙土、粉末，掺和棉花之中，积久相沿，成为习惯，几不自知其可耻。而棉纺织业遂受害无穷。次花和佳棉者无论矣。其掺水之棉花，如在货栈停搁稍久，则发生霉烂，不复可用，牺牲极巨。其掺沙土、粉末者，则在使用时易使机器受损于无形。更就出口言之，则中国棉花之信用，久为积弊所毁。洋商在上海设有验水所，太阿倒持，弊窦丛生，若不积极整顿，革除积弊，中国棉花贸易之前途，将无乐观之希望矣。

（4）棉纺织厂自身之缺点

以上仅就原棉而言，已有不少之困难。而棉纺织业之自身，如能组织严密、基础稳固、技术精良、管理得法，则尚可以立于不败之地也。无如事实昭然，自身之缺点累累，百孔千疮，维持为难，此则湘玥所不能不忍痛一言者也。我国纱厂发端之始，原由官办。故纱厂组织类于衙署，一厂当局，名为总办，办事职员，尊为师爷，以毫无专长之官僚，滥竽实业之领袖，其腐败也宜矣。其后，华洋商人继起设厂，以纺织人才之缺乏，重权握于无知工头之手，以转动机器为能事，不明技术为何物，机器损坏不知修，零件失落不知补，如此幼稚，自不能与纺织先进国较短长也。迫夫欧战时期，国外棉货来源缺乏，我国纺织业突呈空前之好况，青年学子专习纺织者，亦渐由国外归来，似乎在技术上可有大贡献矣。乃以工头制之积重难返，各厂当局以正在获利时期，亦不敢放手改革，以致纺织专家多拥工程师之空名，而英雄无用武之地。更以一般资本家目光短浅，获利之后急于分红，公积金未免薄弱。欧战以后物价狂跌，我国棉纺织业遂又入于悲惨之时期。以理论言，在此时也，似可为技术上之改进，无如工潮酝酿，随时代以俱来，为工程师者，只以保全一厂之和平为已足，虽明知废花多而出数少，谁又敢在工人气焰高涨之时，老虎头上捋虎须耶？此皆我国棉纺织厂自身之缺点也。

（5）孤立无助

我国棉纺织业之孤立无助，亦为发展棉业之一大障碍。年来政局纷扰，百业萧条，连年军事影响尤巨。交通阻滞，捐税繁苛，以致原棉在产地价格虽低，而转运困难，沿途耽搁损失甚巨。洋棉则以我国无外洋轮船及海外银行，一切转运押汇皆须经外人之手，操纵由人剥削重重，花既贵矣，而一应物料，多须借重舶来。成纱以后，则又以兵匪为患，销路呆滞，积货既多，纱价自廉。借用款项又须重利，平常英美年利不过百分之四五，而我国普通月息在一分以上。种种困难不胜枚举。总而言之，政治未上轨道，则所谓政府官吏，但事诛求，不知保护。而轮船、银行、保险等，又大半为外人所经营，厚彼薄此，自无待言。而华商各厂，虽有联合会之组织，仅为联交谊、通声气之机关，而无共利害、同休戚之积极设施。在此商战激烈之时，欲以孤立无助之单枪匹马，击破经济侵略之联合战线，难矣！

（6）日本棉业对华之压迫

（A）日纱输入之猛进

我国棉业，不但有内忧，而且有外患。唯一劲敌，厥为日本。洋纱进口始自印度，约在五十年以前。其时我国尚在家庭工业时代，自植棉纺纱以至织布，胥出于一家之手，自给自足，无求于外。自五口通商，而洋布来自英美，继而洋纱来自印度，逐渐推广，反客为主，手纺棉纱渐形淘汰。而日本棉业突兴，鉴于印度纱在华销路之广，急起直追，竞争甚烈，以印度纱之多十支也，则精纺16支以上之日纱以为之代；以印度纱之商标久著也，则附赠彩票以与之争；以印度纱倚赖沪商为之推销也，则直接广运内地以杀其势，以二十年之努力，卒取印度纱之地位而代之。民国三年，输华日纱达五十万包，实为日纱战胜印纱之年。由是日纱一跃而占输华洋纱之首位，印度纱反屈居其下，此日纱输华之全盛时代也。

（B）日布输入之猛进

同年，欧洲大战起，西洋布之来源骤减，而我国之纱厂亦日增。日本人心灵手巧，倾其全力于纺织事业之推广。其始也以日本棉布之粗制滥造，远逊西洋棉布之精美，殊不为华人商店所欢迎。无如欧战延长，西洋布来源断绝，日本又能改良制造，又故廉其价，以迎合我国人好便宜之心理。于是民国五年日本棉布之运华者，骤增至价值3400万日金。民国六年更增至8400万日金。其翌年又增至8800万日金。自是日布之制造益精，日布之输华益巨。欧战虽平，而西样棉布之对华贸易，已为日本所夺，而无法恢复其原额。至于今日，日本棉布在华之势力，已凌驾一切。我国商店之洋布，向以西洋货为正宗者，今已代以日布。五光十色之洋布，大半皆日本之舶来品。每年进口约值日金18000万元之巨，西洋棉布又步印度纱之后尘矣。

（C）在华日厂之猛进

我国关税，受不平等条约之束缚，已数十年，而海关估价，每十年有修正一次之权。惜以清政府之颠顶，漠视物价之继涨增高，而海关估价，犹仍数十年前之旧。及民国七年，我国始有第一次修正海关估价之举，于是日本纺织业，举国若狂，为剧烈之反对。而日本代表在修正海关估价会议中，亦为最大之努力，为改正估价之妨碍。结果，虽略有增改，仍未达切实值百抽五之数。而日本纺织业，已痛心疾首于我国关税估价之改正，而集中全力，为在华设厂之进行。民国七年，日本在华纱厂，上海8厂，计有纱锭235744枚；青岛1厂，计有纱锭20000万枚。二共255744枚。是年，我国纱锭总数为1190596枚。日商占21.48%。及民国十五年，日本在华纱厂，突增至45厂。计有纱锭1347947枚。上海日商纱锭增加约70万枚，青岛日商纱锭增加约23

万枚，其他奉天、大连、汉口各有新设之日纱厂一二家不等。比较民国七年，日本在华纱厂之厂数、锭数均各增加五倍有奇。同年，我国纱锭总数为3588583枚。日商纱锭已由21.48％增至37.56％，在天津等处日商代管之华厂尚不在内。兹将民国七年及民国十五年我国纱锭总数之百分比列下：

	民国七年	百分比
华商纱厂锭数	689436	57.90
在华日厂锭数	255744	21.48
在华英厂锭数	245416	20.62
共　计	1190596	100.00
	民国十五	百分比
华商纱厂锭数	2035316	56.72
在华日厂锭数	2347947	37.56
在华英厂锭数	205320	5.72
共　计	3588583	100.00

上列民国十五年锭数，系根据海关报告。华商锭数虽有203万余枚，其中因积欠洋商款项，而由洋商管理者8厂，计290912枚。又有15000锭，尚在拟议之中。则华商净有纱锭，亦不过1745004枚，仅占总额之48.45％。而日商代管华厂之纱锭，则有164112枚，合之在华日厂数共有1512059枚，占总额之42.13％。此犹就纱锭言之也，而其在华布机之猛进，更足令人惊异。在民国十一年，我国布机总数为10645架。日商所有为2986架，占28.05％。至民国十六年，我国布机总数为29788架。日商所有为13981架，占46.94％。日商代管华厂之布机1000架，尚不在内。兹更列表如下：

	民国十一年	百分比
华商布机总数	5066	47.59
在华日商布机	2986	28.05

在华英商布机	2593	24.36
共　计	10645	100.00
	民国十六年	百分比
华商布机总数	13459	45.18
在华日商布机	13981	46.94
在华英商布机	2348	7.88
共　计	29788	100.00

（D）日本垄断中国棉业之野心

日本者，以东方之英吉利自命者也。英为世界棉纺织之霸王，为日本所艳羡，而模拟惟恐不肖者也。日以后进，环顾各国，已无彼插足之余地，惟我中国有广大宜棉之土地，众多需用棉货之人民，而经济落后，棉业幼稚，日本遂以我为第二印度，而思所以垄断之者，非一日矣。初则夺取印度棉纱在中国之销路，继则乘欧战机会，更夺取英国棉布在中国之销路。去年英国兰开夏棉业有六百万英镑之损失，因其在东方市场为日本所夺取也。日本于此，宜可踌躇满志矣，然而不然，日本人之深谋远虑，深知欲独霸中国之棉业市场，非将中国之幼稚棉业根本打倒不可。于是肆其野心，逞其辣腕，于收买英厂及自设新厂之外，更窥华商纱厂之弱点，而予以经济上之援助，继而以债权人之资格，进而夺取其实权，或竟改易其名义。故在现有之华商纱厂中，以日资关系由日商操权者，已有164000余锭之多。此其阴谋为何如耶？或者以日本在华纱厂究居少数，何以竟能喧宾夺主？不知日本在华纱厂，多与日本棉纺织业有密切之关系。日本现有纱锭6116000枚，布机在民国十五年已有69778架，合之在华日厂及代管华厂，则纱锭有7628000余枚，布机有84700余架。以数量论，即已远胜。况日厂开设较早，公积甚厚，技术研究亦复不惜工本，精益求精，加以日本政府之保障，日本社会事业之发达，如轮船、银行、保险等，皆互相联络援助，即在中国办花，亦有三联单之利益，而不受束缚。此皆日本棉业之优势，而足以促进其垄断中国棉业之野心者也。

（四）整理中国棉业之方法

（甲）关于原棉事项

①植棉委员会之组织

湘玥自民国三年归国以后，鉴于植棉事业之重要，首创植棉试验场于上海，研究改良推广之方法，并刊行改良植棉浅说，及植棉试验场报告，以传播植棉改良之常识。无如个人之能力有限，又以全力注重厂务，精力未能专注。民国七年，华商纱厂联合会成立，即有植棉委员会之组织。湘玥被举为委员长，设立棉场，从事改良及推广。其后，又与国立东南大学农科特约，由会补助经费，广设棉场，由东大延请植棉专家，指导一切。徒以经费有限，人才不能集中，虽有相当成绩，然仍不能收普遍之效果及纱厂营业不振，经费不继，而推广棉场之议，遂因以中辍。故湘玥本于过去之试验，以为要求此后中国植棉事业之发展，必须集中全国研究植棉之专门人才，组织植棉委员会，聘请专任植棉技师，担任研究指导改良推广之职务。

②全国遍设植棉试验场

植棉委员会之任务，为筹划、设立植棉试验场于全国各地。其第一步手续为调查。不论其地产棉与否，只须该地土质宜于植棉，而又有推广之可能性者，皆在计划之中。宜就交通设备之难易，决先后设立之标准。其原系棉产区域，则注重改良该地棉场，当以选种为主要职务，选择最宜于该地之棉种，试为播种。择有成效者，尤其是有经济的价值者，介绍于附近、于该场之棉农，并指导其做法。以渐进之方法，务使该地棉农对于棉场发生信用，逐渐舍弃原有之旧法劣种，而采用棉场之新法良种，逐渐推广改良，以达到尽用新法良种为目的。其原非产棉区域，而宜于植棉者，则由棉场为实物之宣传。选择宜于该地之棉种，试验有效，则举行棉作展览会，以引起该地农民植棉之兴趣，然后可以逐渐推广纯良之棉种，以增进棉花之生产额。总之，棉场之设立，以实用为主。关于选种留良，改良做法，指导棉农采用新肥料及新耕具，皆宜于可能的范围内，逐渐推行。务必因地制宜，使棉农有利可图，而后植棉之改良及推广可以推行尽利。我国现有植棉地亩，仅限于极小部分。例如江苏，虽为全国产棉省份之第一位，而产棉较多之地，仅三数县，亦大有推广发展之余地。其他各省更不问可知矣。

③棉花检查所之成立

植棉事业之应如何积极发展，已如上述。而在消极方面，革除售卖棉花之种种积弊，亦为必不可少之举。管见所及，以为有设立棉花检查所之必要。择全国棉花贸易繁盛之区，如上海、汉口、郑州、天津各地，先行择要设立，然后依事业之需要，逐渐推广其他各处。其重要职务为订定各项标准及罚则，并实行调查。例如，棉花潮分，应以百分之几为标准，刻下各地并无一定，买卖两方各得以习惯为口实。棉花价涨之时，则卖方率任意加潮，甚或掺和次花，买方虽有验花之名，亦只虚应故事，不便多所计较；若遇棉花跌价，则卖方虽交好花，买方亦多意外挑剔，种种不平，皆易发生纠纷。若设棉花检查所，规定标准，则买卖两方均有所依据，一切皆可持平办理。如有故意舞弊，与标准不合，则可依据罚则，执法以绳其后。如是则刁狡者有所敬畏，而正当营业有所保障，亦发展棉业之一道也。

（乙）关于纺织事项

①纺织委员会之组织

我国纱厂初办之时，因向无研究纺织之专门人才，不得不借材异国，故初创时期之雇用外国技师，实亦无可非议。然楚材晋用，原非久计，当局者应如何急起直追，为培植人才之计划。无如清廷既昏聩糊涂，国人亦无人倡导，因循岁月忽忽二十余年，纱厂之用外国技师如故，工人无训练如故。虽有少数自费留学之士，亦不能对于大局有多大之影响。直至欧战发生，外国棉货来源骤减。棉纺织业咸获意外之盈利。于是纺织厂之设立，一时如雨后春笋，风起云涌，有沛然莫御之势。而青年学生得风气之先者，遂多趋于研究纺织之一途。至于今日，棉业虽极困难，而纺织人才之陆续回国者，实已不在少数，或投身工厂，或执教学校，因无适当联合之组织，遂乏公开研究之成绩。为今之计，欲求整理棉业之有效，必须集中全国之人才组织一纺织委员会，而各献其所长，相与切磋琢磨，共谋棉纺织业之进展。

②棉纺织工场之调查与统计

纺织委员会之第一步工作，为调查与统计。我国纺织业之内容非常复杂，其组织之不同，制度之各异，一国之内，参差不齐，有非意想所能及者。资本有华商、日商、英商之异；机器有英国、美国之分；组织有技师制与工头制之别。其他如工人待遇之优劣、技术之良楛、管理之宽严、生产率之高下、出品之美恶、废花之多寡、原料及物料之来源、工作之效率等，即同一华商纱厂，其内容亦各不同，何论其他。且以湘玥所知，日商纱厂之精进，远非华商纱厂所可比拟，其组织之精密、研究之热心、技术之猛进，大有日新月异而岁不同之慨。以成绩言，当以日商纱厂为最佳，凡此皆为调查所当注意。语云，他山之石，可以攻玉。何者为他人之所长，何者为我人之所短，皆非详尽调查，编制统计，无以资比较而策进步也。

③棉纺织技术之研究与指导

纺织委员第二步工作，为研究与指导。我国纺织厂之最大缺点，为偏重于机械的工作，只要每日能有若干出产，可以获利，或仅可以维持，即以为已尽办厂之能事。即使营业亏折，亦多诿之于命运，而不知研究之重要，实关系一厂之命脉。有一部分厂家，至今尚墨守旧法，依赖无知识之工头，而不知聘请技术优良之技师。甚或虽聘有纺织专家，而权仍操于工头之手，无以展其长才。其比较最新之厂已采用技师制度者，亦牺牲全部时间于实际工作之处理，不能得充分余暇，为精密之研究，做改良之准备。不知处兹商战剧烈，科学精进之时，非精密研究与时俱进，则难免天演之淘汰。日商各厂之联合研究，勇猛精进，信足为我人之借鉴。彼日商纱厂之进步，一日千里，已由标准动作，进而为美化动作，而我国人，尚多不知标准动作为何物者，其工作成绩之佳良，真足以使我人兴望尘莫及之叹。急起直追，聘请专任技师，准备研究室专精研究，以求有成。有所得，则布之各厂，并随时召集各厂技师之为本会委员者，共同研究，并赴各厂为实际工作之指导。期以数年，我国纺织技师前途，庶几有改良之希望。至于纺织专校之设立，则俟纺织委员会成立以后，再行设计进行。

④棉纺织工人地位之增进与训练

棉纺织厂之要素，一曰原棉，二曰技术，三曰工人。原棉之应如何改良，及推广技术之应如何研究及指导，上文已略述及之矣。今请一述关于工人之训练，及其地位之增进。我国以实业不发达、教育不普及故，一般平民之生活，殊为困苦，不但缺乏受教育之机会，甚且缺乏做工作之机会。而办厂之人，又多不注重工人之训练，旧厂之腐败不必说，新厂则多急于开工，滥招工人，多多益善，究竟有无相当训练，概置不问。入厂以后，粗制滥造，自为当然之结果。出品既少，废花又多，沿习既深，虽请优良之技师，亦苦于积重难返。工人根基毫无训练，何从设施？厂之营业既受影响，维持已极费力，增进工人地位、改良工人待遇，更无余暇计及。加以工潮频发，办事更形棘手，各厂当局深感不易应付之痛苦，更无根本改良之远谋。日商纱厂则不然，一举一动无不深思熟虑。其招工也，不求速效，对于报名工人过去之经历，皆详为询问，凡恶习已深之熟手工人，一律不用，专取年轻体健之生手工人，而由技师加以训练。雇一工人，得一工人之用，而无丝毫之妄费。工资虽较高，而工作必须依技师之指导。成绩优美，出品多而废花少，成本轻而获利多，此日商纱厂之优点，而为我人所宜借鉴。诚能逐步改良，注重训练，提高工人之生产能力，一面更依生产能力为标准，使工作较佳者得比较优厚之待遇，以增高其地位，借以鼓励一般工人之向上。此真发展工业之根本之计，而解决劳资纠纷之不二法门也。

⑤推广棉纺织工场之设计与实行

我国棉纺织业之生产能力，尚不足以供给全国人之需要，观于进口棉货为数之巨，已可知之。此后我人努力之目标，不能以救济现有之棉业为已足，必须放大眼光，积极谋前途之发展。以湘玥之研究，在最近之将来，至少需添纱锭三百万枚，布机十万架。而设置地点，必须择最合于经济的条件者。向来设厂偏于通商大埠，以其交通便利，运输机器及建筑材料较为合算，而对于产棉及销货地点，距离较远，统盘筹算，实不经济。此后，宜就全国之产棉区域，及纱布销路为精密之调查，通筹全局，规划一全国棉纺织厂设计图。某处宜专设纱厂、某处宜兼设布厂、某处宜纺粗纱、某处宜纺双线以及各种花包布匹、某处宜如何如何，一一详为设计。若网在纲，使投资者有所遵循。务期于最近期间见之实行，使我全国人士所需要之棉货，不再依赖外人之供给。必如是，而后我国之棉业，始可自立于不败之地位。至于不平等条约之应如何取消，外人在华设厂之应如何取缔，事涉外交，我政府当局自有整个计划，非此短文所能越俎代庖者也。

（五）结论

（1）总览推进棉业机关之设立

我文至此，已近结束。所必须讨论者，即如何使之实行而已。民国四五年间，张謇氏任农商总长，曾有所谓棉铁政策，其说甚佳，而无进行之方法，以促其成结果，徒成空谈。民国六七年间，周学熙氏任全国棉业督办，结果亦一无表现。诚以棉业救国，非空谈所能奏效，更非官僚所能胜任，以湘玥愚见，政府可就全国棉业界富有学识经验之专门人才，选择一人，专任促进全国棉业事务之职。任此职者，当网罗全国植棉专家，组织一植棉委员会；全国纺织专家，组织一纺织委员会，以通力合作。以上均为名誉职，仅就事实上之需要，酌支公费，概无薪水。因救济棉业，为全国棉业界人才共有之义务，政府但予以名义，假以职权，使能一致团结，共同努力，未有不乐于自效者。惟其中一部分人员，需以全副精神专任调查研究、指导、统计等职务者，必须给予相当之生活费。如是则既可收集思广益之效，又有负责进行之人。假以岁月，必能收相当之效果。其组织系统略如下表：

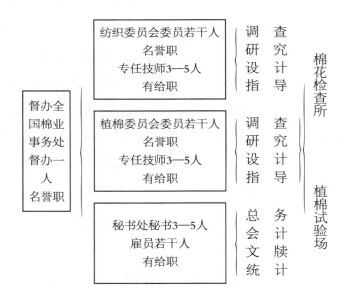

（2）经费之预算及来源

综上所述，督办及委员之不兼专任技师者，均不支薪水外，纺织专任技师，第一年以三人论，月薪200—400元，平均以300元计算，每月共900元，年需10800元。秘书处秘书及雇员薪水，每月以400元计，年计4800元。房租、伙食、文具、邮电、旅费、杂支等项，每月以800元计，年共9600元。以上共计25200元。此外，棉场经济项下，第一年先就全国产棉区域之重要地点，设立植棉试验场12处。每场技术员二人，月薪40—80元，平均以60元计，每月120元。其余地租、棉种、雇工、伙食、农具、肥料、文具、邮电、旅费、杂支等项，除棉产收获售价所得，可以抵偿一部分外，约计每月需130元。两月共250元，年共5000元。12场共计36000元。加以棉作专任技师三人，每人每月薪水300元，合10800元。以上第一年全部经费预算为72000元，约合关平银五万两。拟由财政部指定关税项下照拨。自第二年起，每年增加经济二万两为推广之用，到二十五万两为止。以后察看情形，再定办法。查英国在欧战后，鉴于需用美棉之不利，曾由政府拨英金一百万镑，为推广植棉之用，合华银一千万元。我国棉业之重要，与国家经济关系之密切，前已言之，今若由政府每年拨关银数万两，为救济及发展全国棉业之用，实合于以最小劳费谋最大利益之经济原则。且于孙中山先生民生主义之实现，大有裨益。全会诸公皆高瞻远瞩之士，目光如炬，对于此事之有百利而无一弊，自必洞烛，几先而与以热诚之赞助也。倘蒙全会同意通过，而需要更为详细之说明，则湘玥虽不敏，自当执笔以俟诸公之垂询也。

（原载第8卷第7期《商业月报》）

造新农业　保全以农立国之令

　　国于天地，必有所以自存之道。所谓自存者，一由民众之团结，二由长官之督教。民众不力，则货弃于地，而莫知开浚之方；长官不职，则政日益偷，而渐启窳败之习。民国成立，凡所造作，官与民交相为美，不可全赖长官，亦不可专责细民也。吾国以农立国，垂二千年矣；昔人撰述，皆以藏富于民为旨，此意固不可行于今日。然而农民竭汗血之力，除急供赋税外，又益以附加等杂项，其担负已非如前日；而为之长官者，曾不尽保护之任，如越人视秦人之肥瘠，此亦非相当之道也。夫富之道，在乎农业，此世界各国所公认也。顾今世所谓农业，较昔范围为广，举凡荣絮、蚕桑、渔牧、林垦诸大端，无一不赅括于其间，则直接间接于社会者至巨，其攸赖于长官者亦至繁；长官而不指导或培养，彼沾体涂足者又将何所赖耶？

　　先总理民生主义中，注重于衣食住行，此四项皆赖于农业之进展也。今环顾国中，凡属此四项之所需，几乎无一不仰给于外人，如棉也，糖也，材木也，自外洋输入者居多。而年来国内主要之粮食如米、面等类，亦有来自海外者；至素以出口大宗为名如丝、茶两类，近年为日本人操持，销数锐减，而外来棉丝织品进口之数，见于关册者乃至巨。夫吾国固以农立国也，以农立国，而所业曾无进展之可言，且反为他国输出农产之尾闾。长此以往，则国民经济安得不日就穷蹙哉！今忧国者号于众人，动以拒绝舶来品为言，其意固甚正大也；亦知我国所有出产品，其良窳较他国何若，其价值较他国又何若，以至低之品物，售至高之价格，又安怪人民之掉首不顾，而趋用外货也！然则整理国产，挽回利权，非空言可以收效也：一在专家之研讨，二在长官之振作而已。

或谓专家学说，往往陈义过高，不切于农民周身之实用，余谓不然。吾国智愚之阶级，相差固不可以道里计，顾细民智力所及，不在远大，而在寻常耳目之所及，循是涂轨，为之利导，民又无不乐也。以吾所见，有二事焉：往岁苏松田亩，高区苦旱，低区苦潦，农民恃桔槔之力，以进退水程，其劳剧有不可胜言者。有农学家某，劝乡民用戽水机，则进退旋转，不过一举手之劳，而一岁之雨赐可不计也。乡人大哗，以为万无是理。某乃自用水机，灌溉耕垄，用力少而收成丰，于是乡之人皆效用之。彼佃户贫瘠，无力购置者，又多出资租赁，而所入益大。今则苏松两处，负郭田家，无不用此机矣。此其一也。又农佃莳秧之际，辄喜密布籽种，以为多得升斗，及秋熟雾起，遂生虫灾。有农学专家，令各户疏种，两茎相隔，宽至尺许，诸佃无不匿笑之。及秋深雾起，群佃所种，各受虫灾，独此专家所植诸亩，不生一虫，且粒颗硕大，衾及四石。于是诸佃皆知疏种之善，稍稍有取法者矣。此又其一也。夫乡农目不识丁，骤语以树艺新法，无怪其惊骇却走也；及所事既成，功效渐著，若辈又急急焉思所以学之，然则专家学说，又何患其扞格不通乎？若袖手旁观，不事宣导，斯真负吾农民矣。

或又谓民智愈浅，则希望弥奢，其责上也亦弥重；苟农佃进展，利尽水陆，固无烦当局之擘画也。今子云长官振作，其以吾民智慧永不加进乎，抑别有说乎？不知又非也！吾国民智之薄弱，固毋庸讳言，微论生处乡僻者，不知世界之大；即通都大邑，自命俊髦，其识见未必高出庸众；见一事当兴，则悍然责政府曰：奈何不图是以福我？及征调烦苛，官吏冗杂，则又齰龁语人曰：初不知流弊至此！其出尔反尔，令人失笑！况在农民，本乏高远之识见，而欲应付此繁剧之世界，又无大有力者之提命，则日坐瓮天，唯有供他人之鱼肉而已！吾国自后稷教民稼穑，是为最古之农官，农民只守古法，不思变通，遂无特别之发展。苟得农官之指导，则荒地辟，山泽治，货弃于地者少矣。且夫水土草莱，固取之不竭也，别土地之宜，化瘠土为良田，则非土壤学，化学不可矣。察种类之生机，分结实之厚薄，明六畜之生理，则非明生物学不可矣。他如考日光之强弱，酌风雨之多寡，蠹蚀宜防，疫疠宜避，凡此种种，皆长官所宜竭力从事也。而又能明列强之形势，俾生产诸物，运输海外，得吸收外邦之利益，以挽吾旧日之漏卮，此又非贤长官不办矣。是故今日之农官，必须具科学之智识，负力行之决心，使人尽其力，地尽其利，货尽共通，而后为不负所职也。而子以为无足轻重，不亦慎乎？即子所谓农佃进展，利益水陆者，苟无当局之擘画，又孰能兴之乎！

吾于是又念先总理所论吃饭问题矣！中述增加生产方法，为道有七：一为机器问题，二为肥料问题，三为换种问题，四为除害问题，五为制造问题，六为运送问题，七为防灾问题。此七项办法，先总理已一一释明，无俟余之疏证？窃念此七问题，在在须长官之提调，非农家可自为之也。即如机器一项，总理拟自己制造，挽回外溢之利权，试思设厂开炉，无长官筹算，事曷由济，迨厂肆成立，兴工鼓铸，尤非专家学者不能；他若肥料问题中所论人力制硝，水力制电；换种问题中所论湖广籽种，蜀中谷子；除害问题中所论利用秕草，消除虫蚀；制造问题中所论装置铅罐，分配全国，无一项可少长官，亦无一项可少专家，其互相维系之理，不待智者而后知也。至于运送、防灾二问题，则范围更大。合南北之才彦，筹调剂之方法，此又需才孔亟，非熟悉河渠、土木、地理、昆虫等科，更无从将事。是故长官而兼专家也，则一切措施皆事半而功倍，否则未有不偾事者矣。

顾犹有所虑也。前清农工商矿诸大政，亦尝界长官矣，其成效为何如？处今日之世，而犹仰赖长官，窃恐思念有所未周也。亦知今日之势，与前清不同乎？前清方镇大员，尝一人而兼路电农矿诸政，事务烦冗，耳目容有所不及，故为政未必有效。今则工商有部，农矿有部，各司其职，不相蒙混；责任既专，成绩易见，鳃鳃过虑，非所以待君子也。总之农学为增进生产之根源，农政为保卫国基之方略，农学在专家之研讨，农政在长官之振作，鄙见所及，如是而已。

不佞游学美洲，已近中岁；从事实业，亦垂廿年，虽无所心得，而见闻较多。贵社诸君子本艰苦卓绝之志，研究有年，回国以来，力谋农业之发展，创办本报，寒暑已更，贡献社会，良非浅鲜！征文下走，聊呈愚忱，相期力行不懈，贯彻初衷，以造成我国新农业，保全以农立国之令闻，即以完成先总理之主义，吾道不孤，窃自欣幸焉！

我国棉纺织业前途之忠言

纺织周刊创行伊始，以予在棉纺织业不无一日之长，索文于予。查吾国之纺织事业，虽不仅为棉纺织，而棉纺织实比较居于最重要之地位。在予个人，亦唯与棉纺织业有深切之关系。兹就个人对于现中国棉纺织业之前途，略述意见如下。

在吾国之棉纺织业，有一最特殊之现象，即为喧宾夺主。棉纺织工场在中国之发展已有四十年之历史。至于今日，华商在棉纺织业之地位反不如洋商之优越。所谓洋商除英商占一小部分外，其余均为日商，其突飞猛进，实为吾华商最大之劲敌。最近在华日厂之猛进尤为可畏。根据在华日本纺织同业会之调查，到民国十九年十二月底为止，在华日厂共有纱锭1589640枚、布机12845台，比较同年六月底，计增加纱锭167780枚、布机1996台。以六个月之短时间，增加纱锭布机如是之巨，本年三个月来增加之数，尚不在内。反观华商务厂失败累累，停工者有之，出售者有之。同在中国境内经营纱厂，日商何其盛、华商何其衰，一盛一衰，必有其原因所在。此其故固不可不深长思也。

以予所知，在华日厂之优点，第一，为工作精良。其工作所以能精良之原因，在于精选人才，专心任事。全厂员司自经理以至小工，在任用之始，无一不经过精密之挑选。无论职员工人，皆高其薪水、优其待遇。在未任用以前，必须考察其过去之成绩，以为录用与否之标准。即任用以后，则严其考成，督察其工作效能，以为进退升降赏罚之标准。故全厂员工无论职位之高下，人人专心服务，以表现其最大最高之工作效能。其出品之佳、生产之高、成本之轻，实为全厂员工一心一德专心服务所应有之结果。华厂则如何，最高职员之任用以势力；中下级职员之任用以情面；至于工人则由工头任意招呼。对于以前之成绩如何，既无严密之考查；对于任用以后之工作效能，又置诸不问。虽有一二励精图治之人，欲以工作效能之优劣为进退升降及赏罚之标准，亦复形格势禁而无所用其长。此日厂华厂一盛一衰之原因一也。

第二，为营业稳健。日商各厂用实业方法办理，进花销纱均用最经济之计算。原料几何、工缴几何，每包共计成本若干，均有精密之计算。只要售纱有薄利可图，即尽量出售，以不存积为第一义。华厂则不然，颇有以投机方法经营纱厂者。纱价高则努力屯积以求纱价之再涨；纱价低则乘机买进以俟纱价之上腾。购买洋花，则不结汇票以图意外之利益。因此种种，日厂则营业活动，纱销速，存纱少，经济活动，原棉充足。而华厂则反是，或以存纱过多而经济困难，甚至投机失败而全厂倒闭。此日厂华厂一盛一衰之原因二也。

第三，为互助合作。日厂之经营不但一厂之内有合作，不但同业之内有互助，即其他银行、轮船、保险公司以及政府对于日商所经营之纱厂，亦各尽所能，予以极大之助力。运费、保险费均有团体合同特别减价，而利息与汇费之低廉，尤足以促进在华日厂之发展。华商务厂既有上述之缺点，又无外力之扶助。自身资本既小，而银行方面对于华商务厂又不若日人之休戚相关，如有借款，利息之巨、条件之苦，在在与人以难堪。而尤以内地各厂为最痛苦，借款年息有高至一分五六厘者。此为日厂华厂一盛一衰之原因三也。

以上所述，并非有意扬日而抑华，事实固如此也。若讳疾忌医，则病终不起。忠言虽逆耳，实有利于行。当知棉纺织业在吾国之地位，不仅一业之利害关系，实与全国国民经济有共同之休戚！故予甚希望全国上下，共同注意。政府与人民当各尽所能，以纠正原有之缺点，以共谋棉纺织业之发展，则国民经济全体实利赖之矣！

我国棉纺织业正值发展之极好机会

棉纺织业，为粗工业。一国工业之发达，多以棉纺织业为先驱。若一国之棉纺织业，其生产数量尚不足以供给其本国人民之需要，则此国家必为在世界工业上落伍之国家，殆无疑义。我中国不幸即为在世界工业上落伍国家之一。在本国方面统计上，棉纺织工业，在各种工业中，尚为比较差强人意之工业。在我国幼稚工业中，棉纺织工业尚占第一位，然与世界各工业先进国一为比较，及试一观察每年海关报告棉货进口之巨，则足以使我国人惭汗无地，而吾辈棉纺织业中人，当更觉惭愧无地。英美各国姑置不论，即以日本而言，有纱锭800万枚。比较我国仅有纱锭420万枚者，（其中且有日商在华纱厂160万锭在内）相差已有一倍之巨。若以布机论，则相差更甚。根据日本东京工商局报告，在1924年，日本共有力织机241000台。至1929年，则增至277000台。反观我国全国华洋各厂，共有力织机仅33000台，不及日本所有布机八分之一，已属可惊。然此33000台之力织机，华商仅有17000台。日商在华各厂，则有14000台，其余则为英商在华各厂所有。此就纱锭与布机数量而言，吾人必须深自警觉者一。

更就海关报告一为观察。每年棉货进口，为数甚巨。在欧战以前，英国棉货占我国市场之大宗。欧战以后，日本棉货取而代之。现在外国棉货进口者，日本棉货占十之六七。根据民国十八年海关报告，日本棉货输入中国者，值海关银18857万余两之巨。然此尚为海关估价，其实际价值，犹不止此。是我国人一年中所用日本棉货，贡献金钱与日本者，当有国币三万万元之多。此就进口棉货而言，吾人必须深自警觉者又一。

语有之："前事之不忘，后事之师也。"吾人试再检查进口棉货之内容。实包含棉纱、棉布两项。然此两项之进口数量，在此二十年有极大之变迁。棉纱进口数量，以民国三年进口90万包为最巨，嗣后我国纱锭渐增，棉纱进口渐减。至民国十九年，棉纱进口不足4万包，连双股线、三股线及各色丝光纱线约1.3万包，并计尚不足5.3万包。棉纱进口之大减特减，不可谓非我国纱锭增加之效果。至于棉布进口，则以我国布机增加之数量太少，远不足以适合本国人民之需要，故外国棉布之进口，仍占大宗进口货之第一位。故吾人必须痛自鞭策，努力求我国棉纺织业之进步，对于增加布机，尤为重要。今后无论为国民经济打算，或为棉业前途打算，皆有迅速增加布机之必要。此就外国棉货进口数量之变迁言，吾人必须深自警觉者三。

现在值纱价低落，外布滞销之时，正为提倡增加布机之极好机会。申新纱厂荣宗敬先生，为吾业巨子。近有《人钟月刊》之创刊，征文及余，爰进一言。深愿荣君及吾同业，猛着先鞭，勿让日人专美于前也。

我国纺织业之两大责任

《纺织周刊》出版至今已三十余期，对于我纺织业颇能言人所不言，振聋发聩，令人有暮鼓晨钟之感，实为我纺织业之良友。今以二十一年新年将届，特发刊新年号，征稿于予。以予眼务纺织业将近有二十年之经验，或可为识途之老马。实则今日我国之纺织业，究应如何改良，已由言论问题进而为事实问题。在二十年前，我国纺织业专门人才甚少，所有华商各厂皆由工头管理机械，既有一二工程师，亦属借材异国。今则人才辈出，不乏富有学识经验之工程师。在言论上久已有相当之贡献。即以纺织周刊而论，出版虽仅三十余期，在言论上确已有不少之贡献。其中尤以五、六、七、八、九期署名"无名小卒"之纱厂闲话，及十一、十三、十五、十八、二十三各期所载旁观、诸窦三、傅翰声、寿诸君之言论最能鞭辟入里，说得淋漓痛快，能揭出华商各厂之短处而加以针砭。所可惜者言者谆谆，听者藐藐，言论尽管言论，事实仍是事实。故予以为如何改良华商各厂，言论可取者甚多，今后应该再进一步，努力于事实上之进行。

虽然一言事实，则障碍重重，诚如无名小卒君所言：（一）外商压迫；（二）国家多难；（三）民生凋敝；（四）交通不便；（五）经济拮据；（六）技术幼稚；（七）工潮勃兴；（八）营业失策。无名小卒君基此数因，推论我国纺织业不振之原因应负责任者：（一）帝国主义者；（二）政府；（三）厂当局；（四）工务主持者，均属切中核要。唯予以为再加归纳，则可分为政府及人民两方面。因为帝国主义者之压迫，及政府之剥削摧残，均由于政治不良。故对于全国最重要之纺织工业，无切实之保护，而厂当局及工务主持者，未能恪尽责任，则属于人民自己之事。且予以为再进一步，归纳帝国主义者之压迫由于政府不良，不能尽保护之责任。而政府不良，则又由于人民自身无组织，无主张，不能监督政府，实由于人民自己放弃责任。故予之意见，我国纺织业之不振原因，虽极复杂，然而归纳起来，则以人民自身未尽责任，为唯一大原因。既然明了人民自身不尽责任，为我国纺织业不振之唯一大原因，则如何挽救，如何改良之方法，始可得而言矣。

予个人意见，现在全中国人民均有两大责任，一为改良政治，二为改良本身业务。我纺织业中人，同为中国国民，故同样负此两大责任。我同业中人必须明了今日之中国，正值环球交通，非改良政治不足以抵抗帝国主义列强之侵略，不足以保护我尚在幼稚时期之纺织工业。同时必须明了非改良本身业务，则无论如何，终必受天然竞争之淘汰。二者同样重要，非改良政治与改良本身业务同时并进，不足以谋我纺织业之充分发展。无名小卒君有云："我们论事不必苛责他人，苛责他人即是宽恕自己。宽恕自己，即是懒惰不长进的表现。天下事绝非懒惰不长进者所能成功。"予个人对此数语，极表赞同。深愿我同业中人，共同努力，同时肩负改良政治与改良本身业务两大责任，以百折不挠之精神，力求我纺织业之改良与发展。天下事，唯有自己努力最靠得住，我同业中人共勉之。

第 二 章

视才若渴：国无人才，国将不国

在留美同学会欢送清华学生出洋演说词

　　此次诸君子壮游新大陆，各团体之欢送者不在少数。欢送通例，类多谀词，同人等未敢循例敷衍，而有所贡献，倘亦笃志之士所乐闻者欤？同人等回想若干年前联袂西渡之日，亦曾受此同样之恭维，及邦人士无限之期望。回国以来，究属于教育实业，有几何发展？于社会国家，有几何裨益？扪心自问，惭赧实多。今日之诸君子，宛焉同人等昔日之西渡时也，一转瞬间，亦将如吾等为过去之留学生。究竟于教育实业如何而使之进展，于社会国家如何而令得实益，同到实际的考验地位，诸君子真正荣耀之构成，其在此后可无疑也。同人等为特掬诚忠告，幸采纳焉。清华学生毕业后，悉数遣送出洋，为他校学生所艳羡者。诸君子有此际遇，益宜勇猛精进，知行并励，养成千济长才，亦比较各校产出之人才为多。如此庶足以餍国人之期望，并得以慰美人还我赔款，为我植材之盛意。此同人等切望于诸君子者一也。诸君子由小学而中学，渐入大学，而得学位，十余年中，如入世外桃源，未与苦痛不堪之社会相接近，我国人情风俗之若何、物产交通之若何、环周实况之若何，恐诸君子中向少注意者，来免多少隔膜。他日学成归来。学位则既得矣，或者不屑屈就，以资历练。苟若是，而欲贯彻今日邦人士对于诸君子非常之期望，恐非易事。此同人等不禁为诸君子代抱杞忧者又一也。前此回国留学生中，曾习农工商矿等各种专门学术，因百无聊赖而操政治生涯者，不知凡几。今日政局如斯？有心人所痛哭流涕长太息者也，谁实为之而致于此，岂非二十年来，自名为新学家及一辈贬节之留学生首尸其咎乎？前车之覆，后车之鉴，此同人等切望诸君产及早慎于抉择者又一也。美人士习尚敏捷，吾国人习尚因循；美人士喜服务社会，吾国人多求快私图。唯因循，故一切机会皆坐失；唯徇私，故三人以上无团体。社会日堕落，政治日恶劣，皆种毒于此也。国家派遣诸君赴美求学，抵美以后，正宜留心考察美人士创造社会之精神，为我国人因循徇私对症发药，取彼之长，补我之短此同人等切望诸君子勿虚此行者又一也。人情于环境乍换之顷，至易关怀，去故国而登新陆，凡耳之所闻，目之所接，在在皆足引起倾注之精神。而于奇特之境界为尤甚，如某地最长之桥、某市最高之屋、某家为最大之公司、某氏为最富之财主，诸如此类。普通人所对之异常震骇而艳羡者，不知此奇特之一境界，非一蹴所能几，夷考一切伟大之事业，超越之境界，无往不从小规模而起，亦无一不从勤俭耐苦中进行不已。年来欧美学位，代价如何，邦人士早已看破矣。愿诸君子摒弃虚荣。进求实学，刻苦自励，务期归国以后，不惮烦劳，不嫌小就。不愁无良好机会，而唯愁岁月之空抛；不忧无雄厚资金，而唯忧信用之不立。人人出其能力，尽其所长，服务社会，不因目睹美国大规模事业，而阻其最初之进程。千里之行，始于跬步，百尺之台，累自寸土。功成处，无非力所到处，用力得当，从无虚掷，学不致用，乌得幸成？此同人等为诸君子恳切劝勉者又一也。抑尚有不能已于言者，诸君子课余，更宜随时随处研究社会及国家种种之组织，以及一切事业之屹立及发展。世界乃最大之学校，人事乃最大之文库，无文字言语处，所含精义为尤富。诚能善于寻求，而又善于运用之，则他日终业归来，庶能尽国民一分子之义务。夫然后任投何地措施，于众目睽睽之下，可告无罪乎。

望人人植以一抵万、合万为一之大愿力

　　民国十一年上海申报馆因双十纪念特出增刊，策励共和，意至美也。扰攘十载，已成陈迹，《申报》宣达民治的积极的精义，牖启国民，愿至宏也。此次纪念，嘱予撰词，用广策发，并导以立言纲要，俾述"已往事迹足为表率"者，及"迹其成功之史，足树圭臬以作南针"者。噫！予何人斯，曷克当此。予厕身实业界仅办小厂三数家，比之欧美事业家，不及百一，岂遂足为成功耶？且予素落落，不克与世周旋，反躬自问缺点尚多，自忏尚不暇，安能为青年进箴规耶？虽然，《申报》诸贤哲，切望我国凡百事业，能发挥民治的积极的精神，使予进一言以为勖，焉敢重违稚意，藏我一得之愚乎。故不揣简陋，将素所服膺之数大端，与诸青年商榷之。予年十七时，严父见背，知非自立不足以图存，始黾勉力学，植提纲挈领慎始要终之主张，于每年元旦盥漱后，即按预定本年欲治之学业，开始攻治若干时刻，余日依时攻治以为常。如是已三十年，并无所苦。但觉在在觅得无穷之乐趣。人生不过数十寒暑耳，离学校而入社会，本此精神，于各学术上，伸己愿求。可永得不断之进步。不论治何学术何事功，如是有恒，学无不成，事无不举矣。愿我举国青年注意者一也。

　　人治演进，事业繁兴。虽然，有事业不能无组织，而组织全赖乎团结。团力之固否，即事业成败之所由判。团结因何坚固永久乎？曰：唯恃诚意而已。人与人交接间。无往而非性情试验之场，亦无往而非诚意感通之地。我果待人以诚，即偶有不尽如人意处，人恒能相谅。我果处事以诚，苟或有力所不逮处，事卒无不济。痛心国情者，动曰难觅三人以上之团体，而忘自己待遇之失宜，有为之七，当引以为大戒。勿轻责人，先求在我之所自尽。愿我举国青年注意者二也。

人心如斯，政局如斯，几乎无一不令人失望而灰心。虽然，民国成立仅十年，合今岁计之，犹之十一龄童子耳。于此短时期中，事事欲求与欧美相匹敌，共和大业，岂如是之易就哉。为今之计，唯有修养我定力，启发我智慧，增进我道德，锻炼我精神，应务不求近功，不厌不倦，力冀大成。当机不问违顺，不慑不骄，从容审处，运积极的心思才力，与循环起伏之困难战。不成功不罢休，成功亦不罢休。愿我举国青年注意者三也。

人生在世，饮食居处，无一不赖人力之相助。以小例大，国家社会之成立，莫不深赖群力之相助。有志之士，储能蓄力，勿存乞助之心以求自立。自立有余力，当扶危济困，量力助人，以不妨害他人自立之精神为限。若不劳而得食，为吾人绝端所不许，滥助而开幸获之风，陷多数无知无耻者于不自拔之途，是呜呼可。此予所竭力主张限制的援助法门也。虽然，吝情德色，咄咄逼人，举非助人者所宜出。善乎唐雎之言曰："吾之有德于人也，不可不忘也。"如是而后可以言助人。愿我举国青年注意者四也。

小草满庭，咸赖阳光以滋长，甲求遂己之生而掩乙，乙求遂己之生而掩丙，互求滋长，但知有己，不知有他。植物何知，原无足怪，人类素号灵物，宜以礼义自制，示异于无知之物情。夫人各有一小天地，安能逞性拓展自己地位，侵入他人之范围。逞舌锋以谤人者，苟喻此意，自然断除口孽，只求所以自立之道，不敢信口雌黄，与人以难堪矣。彼世俗恒情，同名利则相忌，由忌起谤，遂开冲突，徒知责人，不知反省。纷扰由此，抑知掩短表长，怨愤可息，澄清宇宙，原自澄清性海始。愿我举国青年注意者五也。

　　我国土广人众而日患贫弱者，无他，多废人、废时、废物而已。人才为国家之元气，时间乃事业所产生，物质胥人类之幸福，无一可废。苟多数学者明此，急将向所委弃者，一一设法利用之，如是，立可转贫而为富，转弱而为强。人日求事，而苦无业之可托，岂知事日求人，正苦无才之可用。呜呼！人特患不知勉为有用之才，尤患不知利用废时、废物，作新业之领域耳。苟知所以利用之，便觉一切时一切处中，都有贤者发挥之余地，又何必向倾轧上讨生活哉。愿我举国青年注意者六也。

　　民国十年，纷扰无已。我国岂无出众人才，特不知所以救之之道，故成此不易收拾之局耳。十年来扰攘原因，在乎见异思迁之无恒心也；尔虞我诈之无诚意也；因循苟且之无积极思想也；人自为战之无互助精神也；喜自炫以市誉，每倾轧而妒功，使多少人才互相消灭于积不相能之中，谤毁盛行，流毒国家之至堪惊惧也。若干年来，某也富贵，某也逃亡；某也不次升擢，某也一败涂地；戾气所在，殃祸踵至，兵凶水旱，无岁无之，苍生何辜，死亡枕藉，吁嗟乎！此皆前人徒有才智而少修养之所致也，吾青年其志之。使团某西友有言曰："中国现在无希望，所希望者惟小学生。"虽然，小学生能生而担当国事耶？西友此言，乃希望我全国青年，悉心问学，从事修养，厉行众善，断除诸恶，人人植以一抵万、合万为一之大愿力，群起以造国家无限之福利。果尔，则十年、二十年后，中国之富强可立致，而《申报》诸贤哲指导策励于民国者，至此可大慰矣。

今日青年之任务

欲问过往，今日之所受者是；欲问将来，今日之所为者是。往者不可谏，来者犹可追。然而亡羊补牢，责在今日，盖来者虽可追，而未雨绸缪唯在今日也。今日之为时虽至暂，但欲补前此无限之缺憾者惟赖今日，展后此无限之希望者亦惟赖今日。今日之代价，一刻之微，足抵万金。凡善用今日之时光者，皆默许其然也。虽然，人生于世，皆有今日，而今日每刻之代价，亦稍有区别。谚云："青年时代之光阴如黄金，幼年时代之光阴如白银，暮年时代之光阴如青铅。"以终身言，则青年时代之光阴，为最有价值之光阴也。但同为青年，或有放僻邪侈而为罪徒，或有孤陋寡闻而为蠢汉，或有体质亏弱而为病夫，其何故邪？盖凡在青年之时，苟矿丧其道德学问及体魄者，断乎不能崭露头角于社会中也。夫青年之所贵乎为青年者，因有纯粹之学问道德耳。然而谁能栽培青年德行才智魄力，以成完全之人格者，曰："惟青年会所能也。"盖青年会，乃陶铸青年之机关也。青年会之有益于社会国家以及世界者，成效昭昭，无烦赘述。予今不为青年会进若何之赞词，而仅就青年自身乘时进取上一思维之，郑重提出今日青年任务之一大问题，为举世青年告。

今日世界大战争已告终止矣，国际有互相提携以谋实进之建议，而弱肉强食之计划，亟宜铲除，权谋术数之行为，群相摒弃，和平空气中，大有吾人栖息地乎？曰：否！否！不然。不耕不可以得获，不猎不可以得兽，不渔不可以得鱼，不奋发不可以图存，此万古不磨之公例也。况乎炮弹相见，酷烈之战争虽告终，经济联盟，和平之战争已开始。休养生息，于振兴百业扩展贩路之中，引领四顾，其准为世界百货之最大排泄地者，非我中国乎？农产既丰，矿藏又富，工业原料，取之无尽，用之不竭。盱衡全球，其谁能出最大之贡献，补人间缺憾者，非我中国乎？宝藏无量，为全球视线所集注，大势所趋，非深闭固拒可了事。我不自为，人始代谋，贬主为奴，咎由自取。湔涤数十年之积耻，发挥无限量之光荣，擒拿千年一瞬之时机，创造历劫不磨之大业，前不见古人，后不见来者，如此责任，均在吾千亿青年之双肩。青年乎！汝身膺伟大使命，入此新世界，当知汝身为世界所有，更当知世界为汝所有。手无斧柯，为之奈何？此不知利用时机，以求建设者之罪言，非青年人口里所应出。蹉跎蹉跎，人寿几何，今日青年，转瞬白发，改造自己命运，与改造世界命运，胥从汝心机中一转念间定之。青年乎！美国威尔逊总统单轨主义造成光明灿烂之新事业，为全地球人所馨香拜倒者之秘诀，已诏示汝前矣。今日最大之任务已来汝前，幸勿迟疑观望，一任大好时机之逸去。请进一步与青年诸君论今日任务之必要。

一、须陶熔超越群众之德行

欲筑庄严宏大之住宅，必先奠定至坚实稳固之根基。德行者，乃人生坚实稳固之根基也。奢侈乃自灭之媒，吾其救之以朴俭；蹉跎乃自戕之刃，吾其救之以精勤；诈欺乃取亡之途，吾其救之以诚实；傲慢乃集矢之的，吾其救之以谦恭；暴戾乃孤立之阶，吾其救之以和蔼；贪鄙乃杀身之渐，吾其救之以清廉；鲁莽乃偾事之由，吾其救之以慎密；厌弃乃无成之证，吾其救之以贞恒；分歧乃致败之门，吾其救之以专一；轻浮乃必倾之兆，吾其救之以深沉；刻薄乃召祸之机，吾其救之以仁恕。具此人格，无论入何方面，皆可以水乳交融，任孰职司，皆可以俯仰无憾。青年人欲为今日任务之准备，不可不首在此锻炼德行上下至大之功夫。

二、须储蓄建设事业之能力

一切事业皆须得富有办事能力之事业家为之主干，而后一切事业赖之以举。此主干人物办事能力之所由出，凡有两途：一为适用各该业之专门学识，二为处理各该业之实在经验。仅有实在经验，而无专门学识，可小就而不可大授；仅有专门学识，而无实在经验，能拟议而不能建设。有学识，有经验，苟不为各方面所取信，断乎不能据有活动地位。则欲集事者，除学识经验外，信用问题尚矣。虽然，信用非凭空可猎取，亦非旦暮可幸致。故笃志之事业家，初入世时，类皆不惮艰难，不避劳苦，不辞地位之卑陋，不求酬报之丰厚，竭智尽能与艰难战。战胜若干层艰难，即增长若干份阅历，造出若干份成绩，信用即因之而逐步扩大，地位即因之而逐步加高，此古今中外事业家成就大业之不二法门也。审乎此，然后可与言办事之要旨。世界可图之事业无限量，未下手前，宜先熟审何者为社会最需要，何者之前途最辽阔，何者与吾性习才能最相近，何者于吾声应气求中最适合，即从此精密考虑中，觅出根据地。择业既定，而后可以言进取。进取之途亦有二：一为佐理，二为建设。佐理之事简，凡具有前述各种之德行以及上述造成信用之诸定例，即得步步成功而为卓然杰出之事业家。建设之事繁，扼要言之，可分为四时期：若调查、若组织、若开业、若拓展，均为事业建设家必不可缺之程序。予也插足棉业中，请就予在棉业中建设之大概，为青年界约述之，以备职业界后起之英之隅反。

首先，调查上所有之事：如原料之产区、出数之多寡、物质之改进、输运之利弊、全世界产出额与消费数之比较以及欧美各纺织厂之优点、内国各纺织厂之弱点，凡此种种，皆实地考求，至了然于胸中，确有把握而后已。

其次，组织上所有之事：如地盘之规定、经济之概算、建筑工程之主张、机械能力之研究、社会需要之种别、劳力供给之状况、工场气温之调剂、发动原力之取舍、保持拓展之预计、意外不测之防备，凡此种种，皆精密筹措，至毫发无憾而后已。

再次，开业后所有之事：如处事处群方面，定权限则部分清划，俾各知职责之当专；对多众则待遇以诚，收臂指相联之实益；受时事影响，措施不乱；出百折不挠之精神，任局外试探；坦白无私，无内部纠纷之现象；觑准出路来源，买卖自有权衡；总持稳健不摇之态度，看破人情物理，是非岂容混视；一取当机立断之施为，勿谓言之匪艰，行之实难。凡此种种，皆予承受资本家付托以来，夙夜非懈，以自勉策而行之有效者也。此外如出品方面，以质地言，则剔选拼台之不苟；以信行言，则尺寸分量之必准；以声誉言，则色泽韧力，常令贩户无嫌；用户满意，当事诸人固类能赤诚自矢。然以管理带核上言之，兢兢业业，到底勿怠，则为殊不可掩之事实也。

最后，拓展上所有之事，不进取则退休，不扩大则收敛。盖人间吸收力，原有一定之限度，吾不善供给，人必代为供给之，吾国工商家不能满足吾国人民之欲望，他国人必代为满足之。穴空则风至，必然之势也。故言保守而不求奋进者，乃实业界之自杀政策耳。况乎谋转输之便捷，望原料之低廉，造费务使其减轻，销场力求其增广，发挥已有之局势，补救现在之缺点，而力图开发，为世界各国工商业家唯一之方针。故某地设一总行，无几何时，某地某某地，又设置若干分行以扩张其营业之范围。其不能从事拓展者，必其在原有地盘上，措施不甚适当，事业不甚发达者也。苟措施既甚适当，事业既甚发达，未有不节节进行，如军事家力寻优越之阵地者。虽然，最后拓展，固为工商家发皇其业务之要图，但此中有两要点：一为人才问题，二为财力问题。两者具备，进必有济；如失其一，且待时机；两俱不得，毋宁守拙。至于拓展后功效之若何，则视第二、第三步及后此所占地点之若何。地点之当否，则尤视乎主事人胸中有无智珠以为断，非可按图而索骥。此中三昧，未易一一揭示也。一言以蔽之，事业之荣悴，一视乎当事者办事能力之足否。呜呼！办实业然，办其他各事亦何独不然。引申触类，变化无方，胥在乎建设家之活用其心才而已矣。他如材各有短长，不持成见，各称其材以用之，则俯仰无可弃之材。人各有习性，不忍苛求，各如其性以谅之，则左右无难处之人。入有善，可扬则扬之，不失直道于斯民；人有过，当争则争之，不使贻误于大局。联恩义，则不立屏藩，虽机匠木工可共席；定处分，则不徇情面，虽良朋至戚必开除。不纳浸润谮言，攻讦之风不启；不受苞苴请托，钻营之辈不来。片语立谈，真才不失于交臂；迩言好察，下问不弃夫刍荛。事前必预算，不致竭蹶于临时；事后必忖量，不贻过误于再四。事机已至，不观望以因循；意向宜专，不兼营而并骛。不置身于投机之险地，不涉足于政治之旋涡。尊重公财，不苟焉以挪用；爱惜零物，不一任其消耗。有客就商，则不惮烦劳，必开诚以相告；任谁投信，则不惜纸墨，必随答而勿稽。凡此种种，皆吾人应事接物间真肝胆所由表见，大功业所由成就之唯一径途也。我青年诸君，人人欲有所建设于今日世界中乎，是又乌可以忽诸。

青年乎！天不生吾人于百年前关山锁闭之时代，天又不生吾人于百年后政教修明之时代，乃偏生吾人于廿世纪初叶，生活竞争非常酷烈之时代。天不生吾人于连年血飞肉搏之欧罗巴，天又不生吾人于主张正义人道之美利坚，乃竟生吾人于共和草创后，生灵涂炭，非常纷扰之中国。虽然，困厄者，幸运所丛生；忧危者，圣明所由出。吾青年而果不自菲薄乎。浩浩前途，造诣有谁敢汝限；冥冥属意，使命已界于汝身。今日青年之任务，关系至重大，吾甚望吾全国青年，各就所有之地位，尽汝天职。吾尤望各地青年会青年，各就所有之地位，所操之业务、发挥之、光大之，尽汝应尽之天职，为举世青年立青年人格之标准。去其依赖他人之谬见，而拿定希望自己之决心；更去其坐待将来之迂计，而实施利用现在之敏腕。千载难逢之机会已至汝跟前，百年不朽之事功即在汝掌里。今日何日？万金一刻。青年为谁？中坚人物。福国益群，系汝责任；振颓起衰，系汝本务。愿与吾举国青年交相勉之。

派遣女学生出洋游学意见

管氏有言："一年之计树谷，十年之计树木，百年之计树人。"人才与国运有密切关系，古人已先我计及矣。吾国自海通以还，与外人接触，步步退后，至近年益形窘迫。非吾国无人才也，特以旧人才驭新气运，恒有不能从容应付之憾。近二十年，时局愈艰难，实业愈消歇，起衰策进，在在需才，于是乎派遣游学之事起。

至近年出洋游学之士益盛。忆八年前，即前清宣统元年，玥在美时，留美学生只有百四十人。至民国三年玥回国时，留美学生已增至八百七十余人，视宣统元年，已增六倍有奇，闻今已达千人。此仅就留美学生言之耳，其留欧与留日学生之盛，更不待言矣。

留学生分自费、官费两种。自费生毕业回国后，任何职务，姑不备论。今只就官费生言：凡官费生回国后，定章须任义务。官费生毕业回国者，已大有人在，其由政府派以相当职任使尽义务者，有几何人？其未由政府派任义务，而由本人自尽义务，或迫于处境势不能尽义务者，有几何人？举不得而确知之。吾人之所知者，不过少数急于就事，用非所学之人。其大多数新人才，毕业回国后，政府不之用，其怀才而深愿为世所用者，或能在社会事业上稍尽义务，或力有不逮不能尽义务，均之用其所学也。即使长才短用，循序渐进，展布其抱负，造福于邦家，然由实际上观之，脱离宦途，献身社会，亦寥寥若辰星。吾人之所确知者，多数高等人物，无所事事，觅一地位，难如登天，使各人自己之大好光阴，与国家前此辈出之巨大学费，举消磨于无何有之乡，亦良足痛已。男学生且然，又何论乎女学生。

虽然，社会新潮流方层出而不已，出洋游学亦新潮流之一种。前此之新潮流为派遣男学生，后此之新潮流为派遣女学生。有此潮流，既经造就之人才，如其尽为国家社会效用，则此新潮流大足以福国利民。如其不能尽为国家社会效用，则此新潮流徒足以消耗国家社会无数之金钱，实际不能收几何之效果，是空增国家社会之负担而已，于福国利民乎何有。

今请就派遣女学生言之，彼提倡女子游学者，以为女子天性与教育事业有巨大关系，女子苟无高等学问，将来办学不免起几何窒碍之处。

然则竟言派遣女学生矣，而其未尝出洋以前，如何坚立根底，如何十分预备，则罕有计及者。以故被派遣之人，西文程度，到彼能即入大学与否，不问也；国文之程度更不问也。中西文学程度既不甚关心，更降一步，叩其所习科学之目的，若西文也，若美术、若家政、若医学也，是为最普通之目的，故占数为最多。其他有裨于自立立群之新学术，男学生有视为畏途者，固不得苛求吾女学生。

玥不敢谓女学生不应派遣留学，惟以中国金源窘迫，上下交困之现状言之，觉此举大可从缓耳。请进言可以从缓之理由：

女子读西文非急务，即西洋音乐、图画等美术亦非甚急之务。夫音乐，舍学校与会场调节心神外，不过求家庭间之欢感而已。然中国自有雅乐，如古琴等，精其艺者，可以惊风雨、泣鬼神。此项国有绝艺反弁髦弃之，偏让日本音乐专家锐心研求，起承斯乏。

西画长于写生，与我国画术之重意匠、略天然者相比较，固大足供吾人之研求。得其神致者，于家庭之布置，儿女之训育，以及凡百工业之助进，于女子独立自助事业上，有无限之作用。然掷国家巨万金钱，而仅易得此戈戈之美术，似已得不偿失，况学焉未必果尽，尽焉未必果用，则不值益甚矣。

若家政、烹调、裁缝各学术，国习既不同，施行即不适。假令为自己家庭作欧化计，种种设备，耗费多金。生利之程度未尝增高，用财之数目邻于豪奢，是自趋窘境而已，夫何苦而出此。至于医学？为进化国重要学科，人民之程度既高，生命之防卫益急，邦人士苟由是竭力注重家庭卫生、公众卫生。自治事业则必随与俱进，则他人虽挟蚕食野心以来，而借口以蚀我国权之事可以敛戢。是医学之研求固宜急急。然而女子学此须得终身守不嫁主义方克鞠躬尽瘁，造福人间，否则所结之果，能有几何。

更进一步言，有高等学术之女子，方于社会有关系，然在社会上做事，非有思想不可。欲有思想，非有国学根底不可。国学根底既深，方能吸收他国精华，以补养内国之不足。欲吸收他国精华，仅有国学根底亦有所未能，必也兼有极高深之西文程度，始能进彼大学。然而求之现在，欲觅若干中西兼长之女界人才，恐不多得。

即万一得此中西兼长之人才。游学耗金，即以留美论，岁必每人掷金二千元，卒业以五年计，是一人学费，须备金钱万元。借令中西兼长之女学界人才既得，每人万金之学费既备，学业既告大成。一旦回国，必在国家社会相任义务始有裨益。然献身国家社会，担任义务云云，求之男学生中尚不多得，而况女学生乎？

由是观之，浪掷内国多金，仅弋获一女学士头衔而已，虽得与外国女子相媲美，而实际则无补。

然则女学可不必急急提倡乎？曰：否、否！不然。女学之提倡实不可一日缓。唯拙见之所谓不可一日缓者，属之女学界之普通教育。因普通教育最适用于现社会，最为社会所需求，若以岁派女学生十人出洋游学，投金钱二万元于不必收获效果之乡，诚远不如节省此项金钱多设若干女学校，使一般女界俊秀共增知识，使我中国国家社会实际受益之为得也。

玥并非反对派遣女学生，如能在派遣女学生出洋游学时，第一，中西学问程度充足；第二，经济力充足。有一不足，即以从缓为宜。玥未出洋以前涉足社会多年，确见国家社会所需要、所缺乏之学术有若干种，到美后，见一般学子所学者，大半非国家社会所需用之学。回国后，已一年有半，亦痛心于干济之才之缺乏，培育之力之不足。照现今大势论，派遣女学生一事诚非当务之急，故发表拙见，求教育界相与研究而讨论之，知我罪我，举不计也。

振兴职业教育　力谋实业发展

　　我职业教育社举行第一届周年纪念大会，承黄任之、沈信卿两先生推重，嘱备演词，固辞不获，勉将鄙见所及者为诸君子扬榷陈之。

　　夫职业之解释有二：一就人事上言之，凡社会中人，各出其本能以就多方面谋生之途，统谓之职业。如农人之务力田，工人之务劳作，商人之务贸易等皆是。二就天良上言之，世界上无论何种微细事业，业之者皆得提起其精神，发挥其能力，扩大自家之责任，增高所业之地位。此盖不以泛泛之职司视之，而确认自己对于所事有绝大天职在。此"天职"二字并非新名词，即孟子所谓"古之人修其天爵"者是。人不论托业何途，对于所立地位，皆有发达其业男之天职，必如是方可以无愧乎为职业家。世人不察，以致无专业，常迁转在事业场里，随意变动，视自身如旅客，对职守如传舍，不负其应负之责任，不尽其当尽之心力，我国百业之衰败，胥由乎此。凡若此者，乌足以职业家之徽号字之。其人对于所业既如去来无定之行客，则吾人于其所业之业，当以行业名之。职业与行业之异点容易区别，一则久于其业，始终不迁；一则徒为糊口计，唯利禄之是求，此外概置不顾。其居心之不良固无待言，且以其时常变动，故不暇研究本业盛衰得失之原因。无研究，故无进步，其能力之薄弱，如出一辙。呜呼！以为谋不忠、无甚进步之行业家，尸位于百业中，陷百业于颓败，处此生存竞争之时代，尚何有保留残喘之余地乎？

振兴实业、救济现社会困状之呼声日高，振兴职业教育，力谋实业发展之主张一致，风声远播，响应甚捷。吾人提倡此职业教育说仅及一载，而职业教育之声已洋洋乎盈耳，几乎合全国各学校共入于职业教育之一途矣。何君子豹变之神速也？虽然，名者实之宾，窃愿教育界之提倡职业教育者从实之一方面进行，勿从名之一方面进行也。从实之一方面进行奈何？即无论举何事业，行实地之研究是也。

仆纱业中人也，请以纱业论。欲求纱业之逐步发达，得永立于不败之地，必须行精密之调查，取最善之处置。举凡原料出数之多寡，品质之优劣，以及社会需求之状况，酌盈济虚，固商工业家应尽之天职。而改良物质，振兴农产，亦属纱业中人所应注意之一要事。此外如工厂之管理方法亦非常重要，全厂工人至少有千人以上，如何而使各工人不空费时间、不耗费材料且能爱护机件、尊重厂规，唯日孜孜，尽心工作，彼微物细故间，往往发生至大之关系。凡处理其事者，又乌得一日疏忽之。

至于制造方面，如何使造费节减以增进事业之繁昌，如何使出品精美以投合主顾之需要，必一一无憾，然后销路日畅，而信用日厚。苟其一厂如是，各厂皆然，则文明之竞争斯起，而棉业之发展随之矣。互相竞争，互相进步，循环精进，靡有已时，夫然后我国纱业立足于颠扑不破之地。振兴纱业之道如是，振兴他业之道亦何独不然。如凡百农工商矿各业，在在准此手法以行之，实业救时之主张始克遂。然而此种种大问题，岂彼游移不定，视职业如传舍，视自身如行旅而不知责任者所能为力欤？

至于教育事业亦何莫不然。夫"教育"二字含义甚广，须将教育二字分别言之。教为一事，育又为一事。育成之一事，比之教授事项尤为重要。鄙见以为教授尚非甚难之事，至育成之事，谈何容易。然唯其不容易，愈不可以不讲求。小学重育，高小以上诸学校亦未尝不重育。育之为业，不尚口而尚躬行，不限之于讲堂以内，而讲堂以外至广至繁之地方在在皆为育之事业活动之范围。西谚谓"世界为大学校"，不其然欤？乃世多忽忽，教育界中人往往除课堂外，误以为责任已尽，无所事事，去育之本旨远矣，宜乎各学校所产出之新人物，不能见容于实业界，所如辄左，而绝其生活之途也。智慧学术，固不可少，然立身处世之大道理，又焉得而忽诸。但欲求脚跟未定之教员，培成实业界需要之人才，乌可哉？职业教育确为今日要务，然教育界中人往往轻视职守，虽认教育事业为一种职业，而见异思迁，致无何成效之可言。鄙见以为不应泛视教育事业为一种职业，当以一校中事，为自己确定之职业，既身任之矣，则必苦心从事，坚持到底，勿起迁动之念，并宜随时保存稳重严肃气象，为诸生表率，随时温习研究，毋抛荒旧学业，更吸收新智识。如是以言教育，庶乎近矣。有此笃志教育家，庶可以言职业教育。然尚有一层之误会，足为职业前途障碍者，即狭视职业教育范围是。盖彼辈但知教导诸生能制出诸种物件，窃自欣慰，以为已尽职业教育之能事。岂知制造物品非但仅求其能模仿物品之形式而已，更须精密思考如何方能使出品精美，如何方合用户心理，如何可以不浪掷工作时间、如何可以不耗费各种原料，必于此数者一一进求，无复遗憾，然后可以与人角胜于市场。否则人巧我拙，人贱我贵，吾未见其有济也。虽然，果使如上所云，一一办到，尚属职业教育上表面功夫，而真正职业教育之精神，尚在其里面。里面云何？即除上项所云各要点一一办到外，而对于灌输此职业知职能力之诸少年，更努力育成其耐劳习惯、持久性质、克己复礼功夫、斩除一切巧取幸获之观念，夫然后职业教育，始进于完美无缺之地步。吾知诸大教育家，当确认斯言为职业教育上亟须注重之一事，而确立斯业之根基也。社会生计日益迫促，世人每以生活途穷，时势逼人，入于莫可奈何之穷境。吾则以为不尽然，凡真有学识经验者，社会之中正多斯人盘旋之余地，人日求事，事日求人，在失业者，方嗟叹活计之难寻，在事业界，方忧虑需要人才之无多也。人亦求自奋而已，孔氏有云："不患人之不己知，患己之无以见知于人也。"西谚云："世界不问汝为谁，但问汝能做何事。"窃谓此语非常适用于吾国职业界，吾国各业之不振，皆由于缺少适用人才，并缺少独树一帜之人才耳。教育界诸君子实负斫削人才之重任，操左右国运之大权，现时之纷纷扰扰，皆前此旧教育之遗孽也。由是以观，则今后之人才，能否适用于实业界，能否挽救今日社会生计之困状，则叩诸今日教育界造因之如何而可知。诸君子多贤明，职业教育采何方针，当胸有成竹，无待鄙人之喋喋矣。

新业失败当归咎于教育之不修

弁　言

苏省第二次教育行政会议，吾苏政界教育界诸君子云集一堂，讨论教育之得失及其经验，定今后进取之方针，立国家百年之大计，当务之急，唯此为最。用意之美，莫与比伦。湘玥学识肤浅，又加之以短于辞令，有所陈说，知多纰漏，深望诸君子进而教之。

中国今日最要者何事乎

处此内忧外患交迫之秋，吾国所急宜振兴者何事乎？各方面解决此问题者知各有独到之见解。观世界各国，以武力扩张国势，主张练海陆军者有之；观凡百要政，非财不举，仰债应付，终非善策，主张理财以益税饷者有之；观商战剧烈，贸迁无术，足以陷多数于破产地位，主张振兴商业以图抵御者有之；观农工路矿种种事业，足以安置游民，开辟闲地，增益国家社会之繁荣，主张大兴实业者有之。

排除难局之大方针

湘玥以为此种种主张诚属要图，然万不可顾此失彼，仅仅焉作片面之进行。必也各方面同时振作，同赴民富国强之一方向，庶乎成功捷而实效见。各界中人诚能竭尽心志，积极进行，无论何项事业，皆足振兴。所患者，一辈持悲观主义之人，敷衍所事，奄奄无生气，但见其每日每时偾事耳。人虽百计欲图吾国，我苟能与邦人士勠力同心，在在猛求进步，人无如我何，彼自知难而退矣。特恐自己无知无识，如绵羊然，唯日夜慑人之威，怵人之势，志气消歇，精神萎顿，坐待死亡，不务振拔。果尔，则人虽不欲亡我，我已以俎上肉自居，其能幸免宰割之苦哉。《书》曰："自作孽，不可逭。"其斯人之谓欤！

实业与国家之关系

立国于地球之上崭然见头角于昔日于今兹者，若英、若德、若美、若法、若俄、若日本等国，或精于工艺、或长于商战、或富于农产、或豪于矿藏、或厚于水利，或则单独制胜、或则以次毕举，刻苦经营，并致富强。他如埃及、波斯、印度、高丽等国，无企图实业之计划，无发展实业之能力，而今皆受强邻之支解、之吞没矣。然则实业关系国家之兴替、之存亡，顾不重且大哉。

实业与社会之关系

今日湘玥赴此盛会，由沪至宁，在汽车中纵目观之，默自忖量，起无限之忧思，今请为诸君子略述之。

由沪至宁，自上海县境经过苏州、无锡、常州诸名城之数境者，水陆之交通利便实相齐等，天气之温和，物产之丰盛亦无偏枯，然则人事之修，实业之兴，宜其相若而不相悬矣。岂知有大不然者，夫上海商业虽大半入于洋人之手，而华人工厂亦颇不少，赖以生活者以十数万计。或谓上海为中外互市之要港，富商巨贾荟萃于此，集资兴业，较便内地。或者此说言之成理，姑舍上海而以苏、锡、常相比较。苏州为人文杰出之区，自沪宁铁轨通行以来，商市精华几乎一萎而不能复盛。自辛亥清政推翻以后，公馆锁闭，几乎一蹶而不克再兴，加之以风尚趋于空文，人情安于小就，其上焉者依旧宦情浓厚，其下焉者始终门户争持。分利之人，举目皆是；生利之业，罕乎有闻。而彼投我苏人嗜好之玩物商，窥我苏人罅隙之药物贩，则已据我苏人之堂奥也。不禁为苏人士一忧念、一汗下焉。自苏以西，若无锡、若常州则大不然。无锡境内，各项实业之发达之竞进有殊足令人称美者。若面粉厂、若丝厂、若纱厂、若布厂、若电灯厂、若榨油厂，区区一县境耳，大小厂场著名者已得二十余家，其团结合力，乘时而起，企图诸般新事业者正未有艾。试问以何因缘而结此果，曰：无锡教育之革新先于诸邑，学生界教育界人才之盛甲于他处，锡邑人民中有一大部分勤朴耐劳，工筹画，善经营，且富于冒险精神，易受外界刺激，而有一往直前之慨。其因以集事者，殆得力于此多血质与胆汁质之混合体乎？境以内机声隆隆，百业繁昌，人民生计因之而裕。武阳境内实业亦在活动，比之苏州则略胜，比之无锡则不如远甚，由镇而宁，实业雏形尚未备具，他无论矣。由是以观，实业关系于社会之盛衰为何如，岂地位使然欤，抑人力有所未尽耶？以诸君子之高明，不难探索其究竟而得相当之救药方术矣。

要而言之，同是国家，同是社会，有实业则盛而强，无实业则衰而亡。天演公理，无从幸免者也。

生产力低落之三大原因

因实业之不振兴，而国民之生产力遂低落。生产力低落，而国民之道德心遂梏亡。循此以往，不急急焉补救之，其不沦而为原民者几希矣（原民系未受教化之野蛮，如世俗所谓生番之类）。在闭关时代，原民或能生存，当此群雄角逐之秋，有不俯首哀鸣于强有力者之前，降而为奴隶为牛马哉？按生产力低落之原因约有三大端。

一、无国民教育。无国民教育，故无国家之经济观念与国防之捍卫观念，致精神萎靡，气力微弱，脑筋迟钝，在此萎靡不振之团体中，虽集千百人众，而遴选一二适合于高等事业之人才亦大不易。无真正国民教育之害有如是。

二、无时间研究。其所谓安分之人民，大抵饱食终日，无所用心，终其身无尺寸建树者，往往有之。其所谓机智而又薄有才能、薄有资力之人民，无男女无老少，相率围坐，从事赌博，无昼无夜。究其流弊，废时失业者其害犹有限，名节扫地，盗贼窝藏者其害伊胡底。且空掷大好时光之事，正不止此。如自号达人之辈，不惜以社会高级之人，相率冶游，景况稍宽之家，醉心戏剧，推而至于杯中醇酒，口里卷烟，何莫非剥夺社会金源，戕害国家元气之事。呜呼国民！以无时间研究，故竟浪费千金一刻之时光，曾泥土之不若。民德堕落，以至于此，能勿痛欤。

三、无管理方术。出资者役人，劳力者受役于人，出资者与劳力者地位虽异，求其生产力增进而丰于所获者，实彼此有同一之希望。苟管理得诀，彼此自能各偿所愿。乃一般主持之人，怕用始终不懈之精力，不能处处用精密之检查，大抵不失之于操切，或失之于放任，不失之于尖刻，或失之于混同。操切则易于激变，放任则养成偷惰，尖刻则大失人心，混同则惰工无所警。良工无所劝，不久同化为工场之蠹物。工徒无可用之才，工事又无有振作之望。出品之不良，产额之不旺，推本穷源，无得不归咎于管理之乏术。

生产力涨缩之大问题，吾国人多数尚未研究及之，今姑作一譬喻，以引起研究家研究之兴味可乎。设有一厂于此，日夜工徒计600人，得一时间研究、行动研究之良管理家略为整理，略为奖劝，使良工有高值希望，惰工无幸获心思，每日或每夜每人多出力一倍，而工资加足比平时加增十分之五。如平时每工3角者，今则每工4.5角，平时每30天工作得银9元者，今则增多至13.5元。工徒做事之精神自然大振。更得勤恳精密之稽查员，时时处处督率记录以为奖劝惩罚之备，去其闲废无谓之积习，振其发愤为雄之精神，多做工一倍，亦属极平常事，或竟增多产额二倍以上，亦恒有之事。今请仅就加增产额一倍计之，则该厂每日可多得600工额外之工作，以一月25天计之（除去休息日），一月可多得1.5万工额外之工作。以一年12个月并计之，一年可多得18万工额外之工作。设一工所作之出产品最低价得银半元，18万工所得者为9万元，去加增工资额2.7万元，则该工厂一整顿后，一年以内亦可得额外盈余6.3万元，去添用稽查员若干人，及一切新管理法一切表册证卷等费，有3千元亦足以应付裕如，是一年以内得净盈6万元。一厂之所得如此，设国内大小各厂场一律整顿，实业界每年有无量大数增收之额，当有令人惊骇者。反是以思，国内各厂场不整顿，是每年中有无量大数无形之损失，益当有使人惊骇者。拙译《最新学理管理法》可参阅之。

实业种因于教育

实业足以救时，此种口头禅几乎尽人能言之。然而实业重知识，彼鲁莽从事者，偏不能为广储实业知识之预备，卒败所事。彼因噎废食者流，辄以办实业易招失败以相惕，相率而为独善一身一家计，甘心为与国家休戚不相关之人。前者后者均甚谬误，是皆实业知识不储备不普及有以致之也。详考我国二十年来累办新业，而累招失败之最大原因，莫不以缺乏实业人才故，致得不良之结果。更进而究之，他国实业人才之隆盛，赖平素之发育与储备，吾国实业人才之缺乏，因平素不知所以发育而储备之。穷原竟委，当归咎于教育之不修，不播佳谷，不费耕耘之劳，而望此后之丰收，世界宁有此幸致之福哉。

三种实业人才

实业人才之盛否，关系于教育之兴替，即如上所述，今请进论实业人才之派别。夫实业人才用概括法区别之，大约可分为三种：其一为无藉乎教育之天才，如钢铁王、银行王等是。其二为富有组织实业能力之中坚人才。其三为实业界各部分克尽厥职之辅佐人才。此第二种、第三两种人才，恒可由人力培养成之，实为实业界之主要人物。国家之康强，社会之富裕，胥出此辈人才之手。由是言之，教育其亟亟矣。

教育果以何者为主旨乎

教育最重要之点，可分之为甲、乙两种。甲为道德教育，乙为科学教育。完全受此两种教育，实业界中坚人物遂由此产出，其两种教育之纲要，得列表如下：

教育

甲、道德教育

一、责任心之养成

二、公共心之养成

三、机械心之拔除

乙、科学教育

一、秩序规定力之养成

二、观察力之养成

三、推论力之养成

四、判断力之养成

任务时不可缺少之两特质

既受上项所述教育中完全之培养，而拥有办理实业之才略，至于出而任务之时，更有两特质不可少，请备言之。任务时不可缺少之两特质，一为能力，二为毅力。能力与毅力之范围至广大，例如熟悉机械之原理，于机械之构造、之拆卸、之装置、之修理、之使用、之保护无不了了，使不肖工徒，不能掣肘，后至工徒能自训练，而管理机械管理工徒之困难，胥得以自家能力战胜之。推而至于进货出货之事，以迄补助物料之采入及应用，一切利病，无不了了。而在我之精神，更足以贯彻之，而后进出货物使用货物之困难，亦一律以自己之能力战胜之。此外如上下人等之遴选或委任与黜陟，以及风纪之整饬、弊害之防止，主张则划一，应付则多方，使贤能者处处得自效之机，奸险者在在无生存之地，于是乎用人行政上之困难，亦无往而不以自家能力战胜之。虽然，犹有虑，事业之范围既扩大，事情之接触至繁杂，事机之变幻至无定，意外之不幸，百虑所不及，细小之罅漏，大患所隐伏，一波未平，一波又起，在教育不普及，人类不齐等之秋，而欲收如愿以偿之良果，大非易事。苟主持者有所疑虑，有所摇惑，有所惊怖，有所顾忌，有所松懈，有所退悔，而经若干年月孕育之花，无难受挫于一旦寒威之下，则毅力尚已。能力从学养中来，毅力从审决中来，具此两伟力，出而任事，其成功也，犹反掌耳。

湘玥不文，忝与盛会，未能在主持风教之诸君子前，多所贡献，仅就肤见所及，约略陈之，至如何采取，如何执行，属于教育行政范围内事，未敢少参末议也。

愿学生养成有用之全才

五四以来，学生爱国热诚达于极点，痛外交之险恶，睹政象之日非，徒手奋斗，牺牲无量数宝贵光阴，以求内外军阀之觉悟，早为各方所共谅，钦敬咸深。然外交情势，非但无有转机，而且势劫利诱，进迫不已，于是乎莘莘学子，继续抗争，苦乏良策，依旧以罢课为要挟之利器。罢课之外，继以演说，未曾唤起群众，已受军警之蹂躏。夫前此之稍有贯彻，不得视为胜利，今回之重受痛创，不得视为失败。有挫折而后有大进步，有磨炼而后有真精神，古来无数伟人奇士之不坏金身，无一不从烈火中锻炼而来。今最大多数爱国志士遭此痛苦，以生于忧患之哲理观之，安得不为多士庆也。玥厕身实业界中，知我实业界之期望于青年至深且挚者，不第玥等也。用敢不揣鄙陋，出其愚者一得之见，贯诸全国青年学生之前。

处事尚实力。学生徒抱赤诚，以罢课表示民意，然而借兵力以固地盘，吸外资以肥私囊者，比比皆是，空言要挟安能有效？况乎青年学子年少气盛，受爱国二字之刺激，一往直前，更无顾虑，疏于观己，更忽于观人，以为利刃在手，可无怯惧，不知宝此锋芒，以专用于批却导窍，遂致摧折，非不幸也，实处必然之势也。

玥尝综核时事，默察我邦人士，惟一之主张大都为消极的对待，而绝少积极的互助。夫人生在世，惟互助主义为最有裨益。互相助力，则人群进化愈速，而社会亦因之而日趋于善境。反是，未有不沦于危殆者也。八九年来，政府、政党，官吏、人民，无不纷纷然用对待法以相牵制，以致政象日非。国本益危，忍令全国人士有为之脑力，可宝之光阴，不知不觉竟消磨于对待之中，殊可痛也。对待则骨肉竟变为仇敌，互助则吴越亦化为弟兄，二者得失之相去既如是，学生中深明互助之有益者，已不乏人，惜尚未充分预备，广而善用之，进求更大之玥甚望学生诸君，自今以往，益将互助精神，发挥而扩大之。然余所虑者，不但学生界内部微呈分裂之状足致危害，即全中国内部偶呈分裂之状亦间接足以危害。学生爱国之运动。此不可不彻底觉悟者，一也。

科学入门有三要点：一视察力、二推想力、三公平之判断力，各种学业无不由此三者而精进。世人但知科学系一种学问，而不知科学家出其科学方式，以处理一切人事，更有莫大之作用。故科学精深之国，其普通国民之视察力、推想力及公平之判断力亦较富。健全之舆论，于焉层出，魑魅魍魉之辈，自然绝迹，而政治社会遂日趋于上进之轨道。我国国民之普通病根，在乎缺乏此三种真力量，故是非黑白无有定论，而中原鼎沸之祸患遂由此酿成矣。今日一般青年，即来日国家社会中中心人物，国运之否奈，群治之升降，胥于此三种能力之足不足上判之。此不可不充分修养者，又一也。

救国之道不一，有政治、教育、实业及种种方法，并行不悖。当各界尽各界应尽之责任，薪万矢一鹄，达此救国之大目的。青年当求学时代，故青年最大之爱国表示尚在来日，而来日最大表示之预备，在乎专心向学，做他日献身社会之准备。玥并非谓学生研究学术外不应借他事以发泄爱国热诚，如前此之爱国运动，偶一为之，本无不可，然于国民方面种种之弱点，与各界周围之情势，不十分审量，仅凭一往直前之气概，屡演此一成不变之手法，挫折之来，其又奚免。虽然，亢进固为失策，受微挫而灰心，因外铄而变志，尤当力戒。青年奋斗之大成功期，固在他日，而不在目前。请君等所以终抵此大成功之境界者，全在乎各人意志之坚定，宗旨之不变。回忆十五年前，对俄对日等同志会发现时，热诚慷慨，不亚今日，而今何如乎？由此可见我辈青年，淬厉自己志气，尤为前途成败生死关头。因此而玥更有忠告诸青年之前者，爱国热诚宜深蓄而不宜轻泄，俾日后蔚成大材，为国效用，将来任处何事不变初衷。此不可不夙夜自励者，又其一也。

诸君乎，国际竞争，于今为烈，经济之战，甚于铁血。东方大陆原料丰富，市场广袤，万国视线，群相集注，为主人者苟不善自谋，则巴尔干半岛之战祸或不免见诸东方。然则我国人而能努力振兴实业，非但足以图本国地位之安全，亦足以消弭他国之侵略与冲突，而间接造世界之公福。虽然，振兴实业，谈何容易。今日我国实业之不昌，患不在乎资力之不足，而在乎主干人才之缺乏，主干人才既缺乏，即一切有望之新旧事业不足健进，而坐失此千载一时之机会。诸君乎，我中国实业前途未可限量，玥深愿我全国青年学子，以此次所受之挫折作良教训，益自奋励，力求实学，以养成有用之全才，并熟观世界大势，洞悉社会真相，扩充互助精神，发挥视察、推想、公平判断之诸能力，更济之以百折不回之节操，投身各界，本诸所学，力谋发展，则中国未来之新命运，与学生诸君事业前途俱无限量也。曷胜馨香以祷之。

中国之商业教育

吾人熟闻中国商业教育幼稚之言。诚哉其为幼稚，然在有志教育事业者言之，殊未足以为忧。盖幼稚者，实即生长与发展之起点。中国素来以农立国，向以工商二业为下等阶级。其余商人训练之法，以收集学徒为唯一门径。故商业教育，遂不为士林所论列。然在欧美各国，其以商业学科，作为专门学校与大学之教材者，亦唯肇始于晚近之时代。欧美先进，尚犹如是，矧在后进之中国，又何足怪。

中国之有新教育制度，始在1903年。其内容有三年制之商业学校，与四年制之高小程度相等；五年制之中等商业学校，与五年制之中学程度相等；而三年制之商业专门学校，则程度与三年制之专门学校相等焉。迨经1912年之改革，新学制始告成立。此种新制，年来虽有再事修改之必要，然仍不失为今日通用之常制。其内容分商业学校为甲、乙两种。乙种商业学校之程度，与三年制之高小相等；甲种商业学校之程度与四年制之中学相等。甲、乙两种商业学校之修业年限，均为三年。至言高等商业教育，则三年制之职业学校，程度与专门学校等。而大学之内，并得设商科大学，分银行、保险、国外贸易、领事关税收入与国际法等系焉。

兹由教育部发行之第五期教育统计图表中，摘录商业学校之统计如下。

学校种类	学校总数	学生总数	毕业学生总数
乙种	441	19565	2517
甲种	84	10524	2338
职业学校	5	680	272

在上项统计发表之前，政府方面，已有武昌商业专门学校之设立。除私人创办同等性质之学校外，全国共有公立职业专校六所。在事实方面，臻此已非容易。然在四万万急盼工商业发展之人民视之，实深憾夫不足以应其需求。且试详考其情形，则此甲、乙两种商业学校之程度，仅足供初等商业之训练，未能培植高等人才，实不能应社会之需要。盖其所具之学识，不出于商业之根本原理，与商业之实践数端，不过为服务商界上应有之商业知识而已。至于欲求有管理他人及组织事业之能力，足为工商界之领袖者，则尚无此种训练之机关也。

近年来，各专门学校，渐有采用商业之教科者。以上海而论，则圣约翰大学、复旦大学、中国公学以及其他各校，先后有举办商科学程之计划。而中法合办之通惠专校，亦有商科之设置。此皆近数年来中国商业教育发展之明证也。如上所述，商科学程之为各大学混合采用者，已不一见，而欲求一专以商科为特设之大学者，尚未之闻。迨1921年东南大学成立，设五大学科，而上海商科大学，即为其中之一。于是中国之唯一商业大学，始露其面目。以其特殊之地位言之，实肩负全国最高商业教育之责任。今复略述此特殊机关之历史，想亦邦人君子所乐闻欤。

上海商科大学之基础，创立于1917年，是年秋季，南京高等师范学校始设商科。1920年和1921年，先复有两班商科学生毕业。旋以开办国立东南大学，决定以南京高师旧有之校舍，为大学之基础。爰有迁移商科至上海，并加以扩充，自成为完全大学之提议。盖因上海为中国第一通商口岸，设商科于此，不特多实习之机会，亦易与真正之工商界接触，实为唯一适宜之商校地点也。1921年夏，得教育部之批准，推举委员，组织委员会，以扶助策进此全国最高之商业教育机关。于同年9月28日开学，至此国人所希望之第一国立商科大学，始告厥成。

是校之学科，现分六系，其名如下：

一、银行理财保险系；

二、会计系；

三、国际贸易与领事系；

四、交通运输系；

五、工商管理系；

六、普通商业系。

此外为便利服务于实业界之人士补习高深商业知识起见，复有夜校之设立焉。所有教职员，大部均系留学英美各国商业专家，及素有办事经验之人士。第一学期，日夜校有学生294人（中有女生10人），约占东南大学全部学生十分之一。

今日国中之政治家教育家，渐有觉悟，对于百孔千疮之时局，舍工商教育而外，更无他种可为救治之良药。在此商业发展蒸蒸日上之时，举凡实业界之领袖人物，亦已公认需要一强有力之教育机关。不仅以之完成商业专门知识与学艺，抑须以之造成有管理之能力与领袖之干才者。上海商科大学之设，即所以应此需要也。在其诞生之时，所受公众直接费助之力，姑不具论。而须借助于外国团体者，要亦正多。他日是校如能达到督促国内工商振兴之目的，并期能收国际合作之效益，是诚吾人所翘首企望者也。

才而不用非爱惜人才之道也

国之需才，尽人得而知之。然而人才为有限的，需才为无限的，才难之叹，自古已然，况今非常之世，必赖非常之才。国无人才，国将不国，才而不用，或用违其才，皆非爱惜人才之道也。于是论惜人才。

中华民国十三年矣，国内之破坏建设，可谓无时或已，可谓无地无才，顾何以国事如累卵，民生日益凋敝，对古人有逊色，对先进更望尘莫及，岂真无人应此世界潮流挽此劫运乎？一言蔽之，才则才矣，惜乎我不自惜，人不我惜之可虑耳。请言其概：

（一）生计艰窘足以消磨人才也。生活程度继长增高，一以学者急于谋生半途中辍，资浅堪虞；一以百业凋敝，习尚奢华，应得之利不足以供需求，误用聪明之流或竟出范围而求非分之权利。倘前者加以深造，后者纠入正轨，敢必其均为有用之才，绝非小有才或废才也。

（二）学非所用足以埋没人才也。不学无术，世人所讥，学非所用，与不学等耳，与不用亦等耳。才有大知小受，事有繁简巨细，苟非因才器使，则方枘圆凿不败事也几希。甚或一方面不知其误用而以为无才；另一方面自恃其才而甘于暴弃，于是弱者闲散，强者钻营，廉耻道丧，颠倒错乱，戕才之害，未有甚于此者。

（三）政党倾轧足以排挤人才也。居今日而言党，不敢谓其无才，第倾轧之风亦不必讳。同党则非才亦尚，异党则有才亦弃。知有党而不知有国，知有事而不知有才，直与我善者为善人，与我恶者为恶人而已。求才于党，虽不能必其绝无，而为党求才，仅可言其或有。使有门外之人，挟其才而贡献，主正义以宣言，吾知不利于己者必群起而责之，不同臭味者必多方以非之，非至闭口无言不休也，退避三舍不止也。欲达亲爱或提携之境，不亦戛乎其难。

（四）长官傲慢足以压抑人才也。时不我予，不足展才；人不我信，不足尽才。长官自视过高，自信尤坚，钻营阿谀之辈复从而推崇之，已不知万事变化之穷，更何知礼贤下士之义，刚愎骄矜，无所不至；武断驱使，无所不为。即使人才辈出，或惧威而竟裹足，或晤面而生戒心，欲为国效忠，固自视未逮。即使欲为长官效力，恐亦未必尽心力而为之。军职长官，类以此败，可以鉴矣。

（五）政府失信不足登庸人才也。有才之见用与否责在政府，用之而能使之发展与否责亦在政府。吾为此说，非必政府而后可以用人，实法令典章之出自政府，朝令夕改之可虑也；各业提倡维护之出自政府，朝三暮四之可虑也；举凡对外对内一切设施之出自政府，民情隔膜之可虑也。况五日京兆，贤者耻之，攀龙附凤，智者不取。与其遵正轨而不能久安，不若趋捷径而保全禄位。世之洁身高蹈者有之，见异思迁者有之，刻意钻营者有之，试问即使有才，日孜孜于患得患失之间，更何有于实际办事之心力。甚或因是而连带为出轨之行动，尤不知所办为何事矣。凡是种种，虽左右政府之军阀不能辞其咎，监督政府之人民不能卸其责，登庸无术，政府当负全责欤。

总上数端，知人才为国之元气，惜才为培养之原，绝对而失于不自惜者如彼，相对而失于不能惜者又如此。余不才，深盼英雄造时势，时势造英雄，得济济多士为国家社会尽其职务。盼我政府暨长官等去已往之积习，为国家爱惜人才，尤盼我国内青年为国自爱自惜，养成有用之才，则国事前途，庶几有豸！

教育助农业改良之对策

前奉手示，饬抒所见，以作农业进行之筹划。玥正拟略贡所知，以备采纳，旋以祖国乱耗，传布全球，玥为之忡忡者累月，致稽裁答。今事虽略定，而元气大伤，商业凋敝，失业既多，道德遂益以堕落。故欲恢复人民之道德，开辟人民之生计，非竭力振兴实业不为功。玥，农科生也，逆料吾国社会情形，及农夫之状况，斟酌入手办法以图农业之改良。至于五年来所得农学上之心得，非短幅所能宣畅，明春归国后当造谒罄谈也。

一多设农事试验场。天时气候不同，土地肥瘠有别，且物性各异，寒暖干燥，得其所宜，则滋植繁生，农夫获利。否则终年仆仆，日处于贫苦交迫之中，而无从振拔。加以江南幅员辽阔，大江南北农业情形迥然不同，似宜多设农事试验场，得农学专家悉心主持之，研究天时土地物性之所宜，滋养而栽培之，为农夫作模范，冀其效法而实受其益。以本省现时之情形测之，倡设试验场，其要点有三。（甲）宜专不宜博。虽农产物无一不可试验其优劣而培植之，然倡办伊始，且困于经济，故宜择本省出产最富之农业品若干种，酌量培植，借得最大之净利，以资提倡。若贪多务得，并蓄兼收，变试验场为花果菜蔬园，耗费多而获效少，殊无谓也。（乙）宜切实而明晰欧美日本之耕种法，与吾国之法有出入，故试验耕种法须取吾国（日法而损益之，使农夫易于取法。即演讲及刊报亦不宜用磷钾窒素及基罗格兰姆等名词。所需肥料若干磅内，应含有磷钾窒素若干份，宜先取吾国惯用之豆饼、菜饼、灰粪之数，逐一分析之，得磷钾窒素等平均之成分，直接痛快说明须用豆饼菜饼若干斤，灰粪若干担，基罗格兰姆亦宜折成斤两，使农夫一望而知较为便利。总之求农事之改良不在美观，而在切实，此种名词采用与否，本无关系，而吾国现时之农夫，毫无新知识，宜去其难而诱掖之，不宜重其困，而使之却步也。（丙）宜久远农产恒产也。治恒产而无恒心，乌手可。且试验天时气候物产之所宜，绝非于短促时间内能得良结果。欧美人试验一物之微，动需数十年，竟有终其身尚不足，而继以他人者。若试验仅一二周，竟贸然号于众曰："良结果，良结果。"呜呼！是儿戏耳！非试验也。故不欲从事于试验则已，苟欲试验之，非旷日持久不为功。

二沟通农夫。吾国提倡农事改良，为时已久，札饬也、集会也、调查也，聚讼纷纷，而尚未得效果者，何耶？盖虚声及隔阂之病也。夫振兴农业头绪纷繁，绝非札饬、集会、演讲所能奏效，必也得富于农学知识及农事经验之人，竭其毕生之精力脑力，以从事于斯，庶几或有裨益。不但此也，即虽有富于农事知识及经验之人，竭其能力以研究之，尚不可谓已达改良农业之目的。盖研究自研究，农夫不之知，而未受其影响也。夫改良云者，合全国或全省大多数农夫之耕种法之改良与否而定之，非仅设试验场及农业学堂而可谓改良之终点也。盖农夫居主位，余皆居于客位者也，设试验场及学堂，不过借此以资导引已耳。且农夫生长乡间，少交际之远虑，虽朴直性成而顽固亦性成，欲去其父老所口传之旧法，而尽效我之新法，大非易事。是则不可不与农夫声气相通，呼吸相应，逐渐去其旧而染其新，不知不觉之间，使彼等受改良之实惠。然沟通农夫虽不只一道，而开设农夫学堂，其最善者也。

三开设农夫学堂。农夫学堂之章程、经济、课本及手续，视当局者之措施与地方情形而定之，兹不具论。第就其成效一方面而言之。假如有农学专家一二人，倡办农夫学堂，附属田三四百亩，招农夫二百人，以半年为期，半日工作、半日读书，以辛工抵饭资，略筹常款，以供月费。用简单法教授粗浅之农学及修身、国文、国语、算法、历史、地理、体操等科目，并演讲本身对于社会及国家之关系，按时督课之，使于短促时间内，熏陶而诱掖之，以增进其常识开阔其胸襟，而逐渐升迁其文化程度，以为归宿。则一学堂每年可造就四百人，设有一二百农业专家，从事于斯，于五年内，可造就农夫二十万人。以江苏六十三州县平均分之，每县可得约三千人，即除去不堪造就者半数，尚可得一千五百人。而此一千五百人，散布于县之四乡，其于社会影响为何如耶。不但此也，曾经训练之农夫而潜移默化，势力所至，则未经训练者亦间接受其赐矣。如是而言农事改良，则稍有实际矣，以言社会改良，则已有进步矣，以言农团，则暗行结合矣。试验场之良结果，农夫能取法矣。设农学堂，则农夫肯送其子弟而肄业矣，人固何惮而不为哉。

　　以上诸端，择焉为精，语焉不详，唯取其切近易行者言之。至全国根本上之计划，非调查全国之土地气候而详明之，未易言也。

致江苏省教育会劝办高等化验分析所

吾苏教育事业为全国人士观听所集，吾会又为苏省教育事业最高级机关，自吾会提倡实用主义以来，各处闻风兴起，渐收实效。所谓登高而招，臂非加长，而见者自多；望风而呼，声非加捷，而应者自速是已。近数年间，社会百事均近枯寂，唯吾苏教育事业，颇呈活动气象，以是社会属望于吾会者日深。近自中日交涉发生以后，全国震惊，提倡国货，振兴实业之声，日唱日高，唯在在缺乏一种最紧要之主干学术家，为之左右补助，孰为任之，唯有吾会。所谓主干学术者，即高等化验分析所是。玥去年由美回沪之始，已略献言。化验分析，为今日万急之务，惜未得时机，迄未见之施行，今者此事，益应时势需求。日前会场提议诸要端，兼提议及此事，竟邀吾教育界领袖诸君子一致之赞同，此诚救时事业，最大希望诞生之日也。请约举此高等化验分析所诸般之关系如下。

一农业界之属望于高等化验分析所至切也。吾国为天然农国，土地之肥沃，天气之温和，物产之丰饶，久为世界所艳羡。辟废地，役闲民，察土质，考物性，讲求农作，大兴天产，诚得集海内多数之英俊，一致经营之，即此一举，亦足以跻国运于富盛，然而有难言者。今日一般识时俊彦，陆续投身农场，已不乏人，而农产物上，迄未见有特异之进步者，坐以缺乏高等化验分析所故。夫农业经济，迥非他项实业比，即欲力求完备，自设化验分析部，究竟无此余力。然而土质之偏枯，肥料之配合，植物含质之成分，农产制造之发展，无在不仰首于高等化验分析所切要之指导。千日之讲演，不及一事之实行，苟得吾会起承斯乏，则农业之勃兴，可以立致，较之仅仅注力于农业教育者，收效当百倍焉。

二工业界之属望于高等化验分析所至切也。加工生货之上，使成熟货，邦人士所需要者，吾人就近供给之，既能为多数失业开生活之路，又能使如许外货绝侵略之机。生存竞争方面，工业独为吃重。近十年工厂繁兴，富强之券庶几在握，何以论出品，则罕至乎精良，言漏卮，则终无所底止。譬如一纱厂成立，机械则动占二三十万金不等，杂用物料又岁掷一二万金不等，计一工厂之所需用者，或为制革工业物，或为造纸工业物，各厂有各种特异之需要品，种种色色不胜枚举之无数工业用品，在在与化验分析上生巨大之关系。物质之美恶，用途之广狭，销路之通塞，无往不以化工之适否为生死命脉。化验分析之要政，置而不举，工业虽大兴，犹之乎未兴耳。且比年以来，各强权国力行掠夺主义。攫我矿藏，内地远识之士着手开采虽不乏人，然以于化验分析之事，辇乌金而充黑土，以致低之价求售于外人者，有之矣。苟此化验分析之事，吾教育界起而图之，知吾国工业界一日千里之程，其必自此始矣。

三社会上之属望于高等化验分析所至切也。试取今日各报纸检之，知三分之二之地位为广告栏，此绝大广告面积中十之六七，为杀人之药物广告。其为鬼为蜮之徒，敢于明目张胆惑我愚民，攫人之金钱，戕人之生命，冒大不韪，而无少顾忌者，欺吾社会之无检查机关耳。查各国行政公署，于取缔种种饮食物品，至为严厉，稽查纠察之事，责成化验机关，其未曾化验分析而未得许可证者，不得发行；既许可矣，又必随时检查，以防流弊。人家私井，亦且受化验师之检查，苟不适于养生，必封闭之，禁不得用。此外如小菜场、饮食店、牛乳棚、水果摊等，种种日常食用品，皆检查唯严。至外来药物，检查尤严，限制益力。以视吾国对于饮食物，药饵物，一取放任主义，戕贼人命之事，漫不骇怪，一般无知商民，对于戕贼人命之物，非唯不知所以限制之，且竟有扫地斯文，代撰证书之事，力助推行者。多数愚民，以不明利害之故，相率轻身尝试，死且不悟；少数识者，以未得化验报告之故，相与钳口结舌，爱莫能施。其列强之托足吾境内者，以吾无化验分析机关，人民昧于卫生要道，故借口防疫，推广租界，以牟厚获，实行其蚕食主义。呜呼！吾国竟以缺乏高等化验分析所故，而遗社会以无穷之痛苦，竟有如此。今何幸得吾会起负斯职，社会之刷新，危害之扫除，疾风迅雷之自治事业，有不由此而活跃者乎？

四教育界之属望于高等化验分析所至切也。吾国今日，百业待兴，需才孔亟，其最应时势需求者，唯实业教育。今日教育界领袖，以实业教育猝难普及，谋于普通教育中，稍稍趋重此点，提倡实用主义，与夫劳作主义，骎骎乎趋向实利主义之一方面，此诚生活教育，大进展之机会至也。夫四乡学校，趋重于农桑业知识之输入；城市学校，趋重于工商业知识之输入；滨海学校，趋重于渔盐业知识之输入；其一切生活教育方面，有待乎化验分析所阐发之处；至为繁颐。虽初高小学学生程度至浅，未能骤语高深，然而此最大多数学力较浅之学生，皆他日在国家社会、凡百事业中为主要人物，凡生活上必需之化学知识，将来可以实收效益者，固宜及早扼要指授之。此外，中学以上诸学校，皆当注重理化，以补实业教育之不足。唯各校化验分析之事，至为简单，不限于经费，或限于人才，缺焉不备，语焉不详，此中缺憾，知各校有同慨矣。吾省教育会组织此项高等化验分析机关，以辅佐之，有裨于教育事业者至广大，仅就补助教育事业言之，此高等化验分析所之设备，亦未可一日缓矣。

选择职业之三大要点

　　夫职业之范围至广大，径途至纷杂，仓促投效至易含混，未来变化至难预料，故选择职业，至不易而亦至无把握。玥以今日奔驰宦海，明日浪迹商场，若是者不得谓之为职业之人。曩时以土产立脚，现时借外货营生，若是者亦不得谓之为有职业之人。职业者也，必须劳其心智，竭其知能，日夜孜孜，以从事于业务，终身由之，设非有万不获已之大变更起，则断乎未可改弦易辙也。各个人之对于职业，其关系既如是之大且重，故选择职业，允宜审慎于初步。玥于职业关系，素所关怀，谨将拙见所及选择职业之三大要点，略述如下。

　　一、职业须合于个人之性情　人心之不同如其面，性情亦然，顺其性而利导之、诱掖之，不但事半功倍，并能使其人安于其位，历久不变。苟返乎其人之性情，则其所得之结果，当然与以上所云者适成一反比例。

　　二、职业须合于个人及家族之程度　职业分上、中、下数等，同此职业，有久于斯业，乐而忘倦者；有一刻不能暂留，去之唯恐不速者。同一业而去就之不同竟有如此，盖人之程度，及其所处境地之不同，希望遂因之不同耳。可知各人各家庭之程度，影响于职业前途者，至大亦至显明，固不得扭于一方面，而不顾其他诸方面也。

　　三、职业须合于社会之需要　吾人生存于社会，须确知社会之现状，社会中所最缺乏而所最渴盼者为何种事，社会中所最拥挤而最厌弃者为何种人，凡此中若隐若现之种种关系，择业者与育材者，万不可不熟思而审处，然后能深悉何种人才为社会所需要，而不得不勠力一心，应时而培养之，则社会与人才，庶有相利相赖种种相互之关系，而社会受其利益矣。苟不问社会实况，而贸贸然早献一计划，夕贡一方略，非但当事者限于资力，不足以备举，即举焉而不切于实用。泛言职业教育，其结果或未免此，闭门造车，吾未见其有济也。

以上三者，浅而易明，人人所了解，并非玥一人之见解。第恐择业者与育才者，被热血所鼓荡，客气所使役，一意孤行，毫无瞻顾，猝至与职业场里，不相接近。故玥以为职业教育不实心提倡则已，苟实心提创之，则审察宜周，立说宜简，邻障宜去，主张宜一，取应用不取铺张。务扼要不务泛应。（下略）

国货不能竞争之原因——讳疾忌医

中华国货展览会，将于本年11月1日开幕，职业与教育杂志，特刊专号，征文于余。余在工商界服务较久，深感提倡国货之根本，在科学教育，而以人事倥偬，未常一摅胸臆，兹试为一言，以引其绪。

二十年前，南洋劝业会举行于南京，未尝不以提倡国货为号召，然试问所得之结果安在？当其开会也，未尝不极一时之盛，五光十色，车水马龙，洋洋乎大观也。然以国民教育之幼稚，科学教育之毫无根基，一般商业中人，皆墨守成规，而制造工业，尤多未脱手工业之本色，若语以如何应用科学，以促进工业之发展，则人将瞠目结舌，而不知所答。于此情况之下，而欲以物品展览之方法，而求得比较改良之结果，戞戞乎其难矣。此非余之好为苛论也。试问南洋劝业会开会，至今已二十年矣，我国工业界之进步安在？除在欧战时期模仿几种粗制品外，究有多大贡献，诚不能无疑。试观二十年来，世界各国科学工业之进步，大有一日千里之势。工业界之新发明多如牛毛，不可胜数，各大工厂之研究室，无不延请多数之科学专家，穷年累月，孜孜矻矻于研究室中，而其发明制造之方法，造福达于全人类。凡此事实，彰彰在人耳目。回顾我国所谓新式工厂，寥若晨星，而其设备之幼稚，尤足惊人。全国工厂无一研究室，且多数工厂，尚采用工头制，而不知延请工程师，毫无研究，毫无设计，发明更不必论。至于出品之恶劣，机械之损坏，暗耗之巨大，虽有巧历，亦无从计算其损失之确数，呜呼悲夫！

今又以开国货展览会闻矣，当局者提倡国货之苦心，诚不可没，而其效果若何，则可以烛照而数计也。夫展览会之效用，在乎百品荟萃，足以供工商业界之比较、参考、研究、改良，然必其人有科学的头脑，平日有相当的研究，而后在参观会场之时，可以发现各种优劣不同之点，而引起其注意，促进其改良。非然者，既无科学素养，又无相当研究，其到会参观也，无非如走马观花，研究云乎哉？改良更不必望。试问二十年来，科学教育之进步安在？工商界之人才有以异乎二十年前乎？无以异也。试将社会中所谓人才，一为分析，上焉者不过能识蟹行文字，粗知科学大意而已。此等人才，固略多于二十年前，然以较之各国之科学工业专家，则不如远甚，此则吾人固当有自知之明也。以今日以前未能确认科学教育之重要，未为注重科学教育之积极设备，未尝养成科学工业之专门人才，则今日虽有提倡国货盛意之展览会，其效果如何？固已可不言而喻矣。

余在我国工商业中，不无痛苦之经验，故深感提倡国货之根本，在科学教育。是故在今日不言提倡国货则已，一言提倡国货，即感科学人才之缺乏。若普通职业教育，仅能造就普通中下级之备用人才，绝不足以担负振兴科学工业之重任。故余以为国人对此，诚能为明确之认识，深信提倡国货之根本在科学教育。一面努力提倡科学教育，积极扩充科学教育之各种设备，在各大学设极完备之研究室，务以与各国大学研究室设备相等为目标，而努力进行。一面提高科学教育之程度，务使在校学生，不仅以略知科学大意为满足，务必进求深造，以创造为己任。一面再择本国大学教授及毕业生之有专长者，资送外国，专精研究，俾在本国设备未完之时，先造就可以应用之人才。如是集中全国力量，全国人才于科学教育，而后国货前途，始有确实发展之希望。二十年后之国货展览会，或不致再如今日之贫薄可笑，其庶几乎？余日望之矣！

学生国货年的真实意义

几十年前有这样一段故事：中国留欧的学生，无论学文科的，或是学实科的，他们见了欧洲各国的好东西，总是尽量地买，他们只知问价钱。日本的留欧学生见了欧洲的好东西，也是好买，但他们不只是问价钱，并且要问这种东西的制造方法及其构成部分。俾士麦听见了这种事情，喟然而叹道："数十年后，日本其将亡中国乎？"不料这两句话到了今日，竟然成了残酷的预言！

自从大英帝国为了要把他的商品，最主要的是鸦片销售中国，中国拒之，遂有鸦片之战。中国吃了败仗，于是而有所谓《南京条约》（1842），五口通商。从此以后，闭关自守的长城一破，西欧工业的商品就潮水般地涌入中国各地。甲午战败，《马关条约》成立，于是日本帝国也倾其全力在中国销售它的商品，即世所谓"东洋货"是也。我们手工业的中国，农村的生活日用品完全被列强的机器工业的商品所驱逐，于是农村破产，整个的中国经济陷于衰败，纵有微弱的国产工业，就种种方面说，都不能与外国工业竞争；外货反客为主，国货经营相继零落，于是而有提倡国货的呼声，于是而有"国货年"的提倡。第一年（民国二十二年）为"国货年"；第二年（民国二十三年）为"妇女国货年"；第三年即民国二十四年为"学生国货年"。第一年，还在发轫之始，没有什么可说；第二年即妇女国货年，便遭了显著的失败，因为据去年的海关调查，进口的化妆品，比之民国二十二年的进口化妆品有增无减，可见中国的妇女并没有发挥她们的民族自觉心而乐用国货。但是这种失败的原因很多，最主要的是关税不能完全自主，而列强在华就地投资的工业已成附骨之疽、心腹之患，我们决不能完全责备中国的妇女。然则学生国货年岂不是又要和妇女国货年遭同等的运命吗？这是可能的，然而我们却不能因此便不努力奋斗。所以我对于学生国货年，不能不竭诚对全国青年学生诸君致如下之热烈的希望！

（一）对于消费方面的希望。我们中国的教育固然不发达，然而大学及专科学生有43570人（第一回教育年鉴丙1—2页，十九年度统计），中等学校学生509431人（同书丙194页，311页，375页，十九年度统计），小学生10788582人（同书丙423页，十九年度统计）。一千余万的青年男女学生，假使平均计算，除学膳费不计外，所有教育用品，书籍、衣服、鞋帽等：每人每年20元，则至少要消费两万万元以上的国货。而且每个学生都有家庭，假使他们能鼓励他们的父母都用国货，便有一千余万户购买国货，每年至少又是几万万元。再由这些学生推之于亲戚朋友，邻里乡党，一方面宣传，另一方面督促，或许也有相当的效验。就城市说，商店不乏青年热心之士，青年学生可以有组织地与他们联络，使商店的青年店员加入这种运动，渐渐影响他们的店主人及高级职员，使他们一方面自己要用国货，另一方面要卖国货，同时就不卖非国货。这样学生的国货年一定会收获良好的结果。

（二）对于生产方面的希望。我们知道上述的只是学生国货年之一方面的责任，还有另一方面的责任，就是青年学生不但要消费国货，并且要生产国货。人类的物质生活只有一部分，而且是极小的部分是可以强制取舍的，但是有些必需品是不能用伦理的观念来抑制的。譬如，药品，现在全国医院与西医所用的药品，皆是德、法、日、美各国的出品，我们的国产，能拿来代替的，实在很少，尤其是关于注射的药水。那么，害病的人，究竟是冒着生命的危险去用不保险的国货药品呢？还是冒着不爱国的大不韪去用舶来品以救旦夕之命呢？还有中学生和大学生应用的科学仪器，有许多是非仰给于舶来品不可的，国货中是很少有替代品的。假使拘于"国货"的名义，摒弃不用，那不是因噎废食吗？况且第二次世界大战爆发即在目前，届时海运多梗，商船裹足，舶来货品断绝来源，则我们平时所仰给于人的货品，马上便无从取得，或则只有所谓"东洋货"可用，那我们才叫作"哑子吃黄连，有苦说不出"咧！我说这话，绝对不是故意地来和大家所提倡的学生国货年开玩笑，恰恰相反，而是要从根本上给学生国货年想一个具体而彻底的解决方策。就是说，我们全国青年学生不但要用国货，或带着大部分强制的心理来用国货；并且还要积极普遍地行制造国货的运动，对于生活日常所用的舶来品，我们的国货也应当应有尽有，不但有，而且在量上足以充分地供给全国人民之需要，在质上足以满足我们的要求。必须做到这一层，而后学生国货年方不致随着妇女国货年而惨遭失败。自然上述的办法不是一蹴而就，更不是仅此一年半载可以咄嗟立办的。然而我们的青年学生必须在这一年中立下永久而坚固的基础。然则此种办法究从何处下手呢！

最要而急切的是下述两个步骤。

（一）全国中等以上的学校工业化。全国的中等以上的学校各就其地理上经济上的关系，尽可能地改组成各式各种的工厂，把他们的学科完全列入实际工作之中，务于五年十年之内，完全足以自给。

（二）全国中等以上学校尽力地军事科学化与军事工业化。第二次世界大战中我们最恐慌的即是军用化学用品、医药品与军用机械。我们中国是第二次世界大战中的战场，我们自然无中立的可能，逼着要走上战场；但是，我们闭目一想，假使敌人的飞机进攻我们的大都市，譬如上海罢，只要由数架飞机带着毒气散布下来，三百万人所居住的上海，只须几小时，便完全成了鬼世界；就是说，我们三百万人都要被敌人毒杀，因为我们没有充分的防御工具，而这种工具绝对又不是仓促之间所能准备的。纵能办到，可是我们素无此等知识与训练，也是一点用处没有，只有坐以待毙。我这种说话绝对不是无病呻吟，假使我们不迎头赶上去，遭受敌人的屠杀，乃是我们必然的悲惨的命运啊！在将来的第二次世界大战中死得最惨而最多的，就是我们中国人！若果是我们做学生国货年运动的人忽略了这一层，那么，于国货前途奚益？于国家前途又奚益？我晓得一定有人要说，军事工业的进行与防空的准备是政府的专责，所谓军国大事，绝不是我们青年学生可以越俎代庖的，实则不然，大大地不然！

近代的国际战争的胜负，绝不是取决于直接参战的两方的军队，而是由两方国民总动员的各种力量（组织的、技术的、物质的与政治的）的总和来决定的。若是哪一国的国民或政府不懂得这一层，那他将来的命运是如何地可怜啊！而且我们从欧洲大战中可以得到许多宝贵的教训。德国因为粮食缺乏，于是政府就命令全国人民在每一块空地上，例如各家庭的天井或后园中种稻麦，以给军食，他们甚至用人造的麦子做面包，这种事业大半担负在全国国民的双肩上。又如法国在大战时期，每天耗去无量数的子弹，他们几十年经营的军事工业到了此时皆有应接不暇之势，而前线弹药时时有缺乏之虞，于是法国政府就订下一个计划，令全国学生都从事于弹药的制造。譬如，每一个学生星期六回家时，由学校当局把他们从陆军部领来的弹药材料，分发给他们以一定的数量，他们带了回去，趁一天两晚的工夫，把材料都造成子弹，到了下星期一上学的时候，交给学校。因此给法国增加了很大的支持力，终究得到了胜利。法国的青年学生对于普通工艺的技术，都有相当的训练，所以临时还来得及；我们中国的青年学生自然很少这种训练，那么就应该及时努力准备起来。即从现在拼命地做起，已经是"临时抱佛脚"了，若果一定非要等到人家的刀压着头颈，方去张皇，那真是不可救药啊！

不但此也，我们要晓得学生国货年应该如何进行，一定先要晓得前头的妇女国货年是怎样失败的，所谓"前事不忘，后事之师"。我们一定有人说，妇女国货年的失败，由于中国妇女不爱国。这话虽有一部分的理由，然而若果一个国家对于经济问题、财政问题、商业问题，专恃国民的爱国心，那一切的法令和政策，如所谓"保护贸易""增高关税壁垒"等皆是多事！我之所以不惮烦言如此者，是在于说明，我们除了诉之于国民的爱国心，在此地即青年学生的爱国心外，还有很重的必要政策与之相辅而行。这种必要政策，第一就是关税完全自主。我说关税完全自主，不仅自由增高进口商品的税率，并且对于在华就地设厂的外国商品，也同样地有照进口的商品，自由增加其税率之权。因为近时给中国国产工业以打击的，不仅是进口的商品，并且是在华设厂的外国商品。他们有优秀的技术与工厂的管理法，有伟大的组织的力量与雄厚的资本，又有他们政府在政治上、经济上种种的援助，所以他们对于中国的国产工业站在绝对的优势，我们的商品（国货）的质既没有他们的优良，我们的商品（国货）的价格又往往比他们的昂贵，怎么能专靠着国民的爱国心和他们竞争呢？而且我们既谈到国民经济，就不能以伦理观念做我们的骨干。就是说国民的爱国心是相对的，不是绝对的。譬如，同样的两个商品，甲是中国货，乙是外国货，两者之量相同，质亦相若，其价格又相等，国民自非丧心病狂，必买甲而弃乙。想使国民（青年学生自然包括其中）充分地发挥其爱国心，购买国货，我们应该准备各种必要的条件：第一件就是用关税政策，提高外货的价格，使之不能与国货竞争。例如，二十年前日本一包"敷岛"牌的纸烟（日本货20支装）只卖两角日币，而一听"大前门"（英国烟50支装）或"三炮台"（英国烟50支装）因受日海关征税，竟非卖日币三元左右不可。就日本国民，尤其是它的青年学生之爱国心言之，至少不后于中国人，然而日本政府决不以国货购买的问题单诉之于国民的爱国心。而必须严格地增高关税壁垒。实在是一个好榜样。否则，学生国货年也必然要随着妇女国货年之后，同归于历史的泡影。我之所以絮絮叨叨地作此不祥之言者，非故为惊奇之论，以耸人听闻。实在因为要根本救济中国工业使学生国货年成为极有意义与极有作用的一个年头，必须要彻底地了解，国货之所以不能竞争的原因。"讳疾忌医"，自速其亡，是徒令俾士麦笑人于地下也。

科学的管理法[*]

在未讲到本题以前，我先说一个故事：从前有两个学生请假到外面去旅行，在旅途中，大的学生什么也不留心，因此在一座大树林里走着，什么也没有注意到，小的学生，却是什么都注意，这是松树呀！这是柏树呀！没有一棵树木不为他所留意。因此引起那位大的学生非常讨厌起来，他说："今天来旅行，又不是来做研究工作。"后来两个学生回校了，先生问他们路上看见了什么？那大的学生的回答，除了看见了一座大树林外，其余什么也不知道。可是小的学生呢，松树是怎样的，柏树是怎样的，他一一都能说得明白。后来，那大的学生一生默默无闻，而小的学生则为国家做了很大的功业。这就是说明一个人能到处留心，都是学问，这些学问，无往而不能帮助自己事业前途的。

黄任之先生思想精密，三四十年来，努力不懈，他将在本月二十日演讲"治事一得"，正如那个小的学生，一定有精彩的贡献。我自己虽也做了二十余年的工作，但如同那个大的学生一样，什么也不知道。今天不过随便谈谈，作为抛砖引玉而已。

一、科学管理的历史

不论处理什么事情，凡是有条理、有秩序的，都可以说是科学管理，科学管理可以说不是新的东西，但在二十余年前是一种新的学问。民国二年我在美国学农毕业后，又想学工，因此我到塔克赛斯，在这里我初次看见戴乐尔先生的《科学管理法》。过了一年我回国，我想把它译成中文，但是为尊重原著者意思起见，我写信给戴乐尔先生，说我对于他的著作很敬佩，可否允许我把它译成中文。这位老先生回信来了，他表示对于我把这本《科学管理法》译成中文，非常欢喜，同时，他说这本书已经翻译成三四十国的文字，这个理论已经散布到全世界各地。

我回国来一方面翻译此书，另一方面又要创办纱厂，事情很繁巨，仅译了三分之二，已经费了三四个月之久，后来请一个同事相帮才译完。译好后，全部译稿仅售了一百元，而且在这本书出版后的十年之中，只售出八百本，其中有一百本是我自己买来送人的。及至我在工商部做次长时候，这本书忽然走运，因此中华书局在短期间内卖去了三四千本，从此《科学管理法》为各方面注意起来。

二、科学管理的效用

戴乐尔先生对于科学管理有许多试验，兹就记忆所及，提出三种。第一种是一位工程师，他从事于煤矿工程，他因为每一个工人每天继续不断地采煤平均七吨[1]，已经非常疲倦。他就想法叫工人每次工作三十分钟，就休息五分钟，继续着每次的工作三十分钟，休息五分钟，结果每天能采煤四十吨，工作效率增加了几倍。

第二种是试验钢珠，现在钢珠并不稀奇，可是在二十余年前则极少。一个轴轮上装有钢珠三十颗或四十颗，假使这些钢珠中有一颗是破裂或坏的，那其余的钢珠皆失其效用。所以那时全凭工人用眼力去拣出破裂或坏的钢珠，但是拣久了眼也花了，非但拣得慢而且拣得不清。因此戴乐尔老先生就叫拣二十分钟，休息十分钟，继续拣二十分钟，休息十分钟，其结果，非但拣得多而且又拣得准确。

第三种试验是砌墙。这位试验者是一个泥水匠，是一个了不起的人，他认为一个工人的砌墙，要有二十四个动作，他就想把那些不必要的动作免除，据他说只有五个动作是必须的，因此砌墙工作效率无形增加了几倍。

由于这些实际效果的发现，已经没有人不知道这个《科学管理法》了。后来出了许多新书，原则都是一样。

三、怎样才是一个好经理

科学管理不论在工厂或公司，都有极大的关系和用处。一个工厂或公司的经理，他首先非懂得科学管理法不可。在我的眼中，一百个经理中没有几个能具有做经理的资格，因为他自己不明了经理的作用在哪里。从前我在郑州开办纱厂，有人也在邻近地方开办一纱厂，而且很明白表示要打倒我这个纱厂。我初听了倒有些不安，我派人调查他是怎样的一个人。后来调查明

---

[1]　原稿为"仅有二吨至多五吨"，可能有误。

白：他每天在厂里，拾纱筒管，什么小事他都做。我听了就说这个人不能与我竞争，因为他忘记了自己身为经理所具的职责，而对于细小事情，事必躬亲，就不配做经理，哪能使厂发达与人竞争。

"经理"两个字。在英文中除了Manager以外，还有一个叫Overseer，把中国话来说，就是监督的意思。假使你管理着四五十个人，那你就得对于每个人的个性能力和工作，都看得很明白，那办起事来，才有良好的效果。

还有一个英文Director，它的意思，就是指挥者，所以做经理的人，只要指挥人家去办事，而无须凡事都自己去动手。有监督指挥人家的才干，才配做经理。

四、八个要素

怎样才是一个良好经理，我这里特别指出八个要素。

（一）指挥能力　全部的科学管理，就是阐明指挥人的方法。做经理是指挥人的人，这种指挥人的工作，是需要一种天才的。虽然天才是先天的赋予，不能勉强，但是缺乏天才的人，如果能够尽心学习，也可以成为一个极好的经理。要是这个人既有了天才，再能孜孜不倦去钻研，那这个人就更加伟大了。

（二）遵守章程　对于自己公司或工厂的章程，经理必须第一个遵守。这在办事效力上，能收得极大的效果。如果一个人对于自己公司或工厂的章程，自定自违，那是不能再希望别人来遵守这章程的。要是别人有慑于威势，有恋于饭碗而表面上遵守章程，那在办事效力上必定是不会好的。往往一些人在做低级职员时，很能遵守章程，待一做到经理，他就以为自己地位高，不再去遵守。我认为一个经理如自己不遵守章程，而要人家去遵守章程，那简直是做梦呢！

（三）公平　公平是一件很难的事情，但是要是一个经理如拿他的亲疏喜怒做待人的标准，而发生不公平的状况，那必定大大地减少他人办事的效力。本来这种效力表面上是不容易看出的，因为一个人受到不公平的待遇，记在心里敢怒而不敢言，那工作效力会无形减下来，但是如果一本公平来处理各事，那各人自然心悦诚服。

我办工厂的时候，厂里也有许多亲戚朋友，但是不论哪个亲戚朋友如做错了事情，我必首先处罚他，而且处罚得比别人来得重。如果亲戚朋友对我都不尽心，那我又怎样能管理别人呢？

所以遇到什么问题，大家都应该平心想一想，不要说这个是我的人，这个不是我的人，那中国什么事都好办了。

（四）廉洁　又有一件事，也是做经理的要素，就是自己要廉洁，才能管理人，否则，自己不能廉洁，总有些把柄落在人手里，那你自己话也说不响了。对于那些明知道在公司里营私舞弊的人，亦只好视若无睹。所以大公司里对于在公司里营私舞弊的人，不能停职，可以说大都是由于这种原因。

（五）谦抑　这也是做经理的一种不可少的要素，大凡办理事业，必须集思广益，才能办理得好。所以一个经理必须虚怀若谷，尽量采取各方面的良好意见，在圆桌会议上发言的时候，一个良好的经理必然静听各人发表意见，而后加以适当的决定。

（六）爱才　有一技之长的人才，都是可爱的，我们看社会上的人，必须尽量记着他们的长处。一旦有事，则某人有什么才，可做什么事，如数家珍，一一妥为任用，不论其本领大小，只要支配适当，事业没有办不好的。

（七）才有四种

第一种是奴才。奴才的名称，是从前清产生。不论什么封疆大臣，满洲人对皇帝都自称奴才。废清二百六七十年，养成奴才甚多，他们把清朝断送了，现在还是很多。什么是奴才？凡是奴才，人打他笑笑，人骂他充耳如不闻，像苍蝇一般，赶了又来，驱了又集，寡廉鲜耻，卑鄙龌龊，阴谋诡计，损人利己，这些都是奴才。

第二种是庸才。庸才就是平平常常的人，这样他也做，那样他也做，什么都不能做得十分好。敷衍塞责，因循了事，毫无创造奋斗和自动求进的心，这便是庸才。

第三种是废才。废才并不是说一定没有才，而是对于当时环境没有用处的意思。比如一个西瓜在大热天一元钱一个，有人抢着买，然而天一凉爽，一角钱一个也没人买它，因此这西瓜就废而无用了。所以一个人思想落伍，不能适合时代需要，叫作废才。

第四种是真才。狭义地说，天下真才百无一二，所以"真才难得"古今同感。但我所谓真才，并不一定是通文达理的人。在工人里面，我曾发现许多的真才，这就是真才要从广义的说，虽一字不识，但他对于某一件有用的工作能做得有成绩，便是真才。凡是一个人有自动精神，用不着怎样耳提面命，他自己能用自己的方法，自己的脑力去做，而且做得很好，便是真才。

使用真才，要得其当。如果你要作一篇文章，去叫一位仅能办事的人来作，那就用不得其当了。而且一个有真才的人，他另有一种品格，和奴才完全不同。他只会把工作做得好，不会拍马屁，不肯受闷气，受了委屈，他就要辞职。古人说：君子难进而易退，小人易进而难退。这就是真才与奴才的分别。

（八）不浪费

归纳上面所说的七个要素，并成一句话，就是不浪费，然而我到处看来，各地都是浪费，这是很痛心的。

五、四种结果

因此我们学了科学管理，希望能得着四种结果，就是：

（一）无废才　因为量才录用，工作有方，人地相宜，人尽其力，故可以无废才。

（二）无废材　因为各种物质的使用，力求经济，减少浪费，故可以无废材。

（三）无废时　工作的时候工作，读书的时候读书，休息的时候休息，故可以无废时。

（四）无废力　就是不浪费精力的意思。我认为我自己就是一个最懒的人，最要舒服的人。我常说："有得椅子靠，为什么不靠它，有一小时的休息，为什么不去休息。"要知道一个人的精神，如能有机会节省，就应当节省，把它贮蓄起来，一朝临大事，就把它提出来，专注全力以赴之。曾文正公说"精神愈用愈出"，这话虽然不错，但是有用的时候用，不用的时候，就可以节省，不然，不用的时候，也用起全副精神，岂不浪费？所以一个学科学管理的人，大事自己动手，小事叫人去做，他决不会浪费一丝精力于无用或不适当的地方。

这无废才、无废材、无废时、无废力，也就是科学管理法的四大原则。

我们对于上面所述的八个要素，四个原则，应当做到一分是一分，因为做到一分，就有一分的效力。

六、不宜于科学管理的四种地方

一、现时的公务机关 现时的公务机关，是不能讲科学管理的。单就用人一项而言，人浮于事，苦乐不均。有些人每月薪水几百元，优哉游哉，无所用心。有些人每天从早忙到晚，而且收入细微，时虑冻馁。这种情形，我不敢说每个机关都这样，但是可说总有几个机关是这样的。不但浪费公帑，而且埋没人才，这是一件值得注意的事。

又比如我这次南行，在某某地方，看见国家费了几千万元购来的汽车，停搁在这里，很久没动，因为装配汽车的工厂，事前毫无准备。所以一面急如星火在等汽车用，一面有了汽车而没有装配不能用。我想如果早些有准备，便可以很快地装配起来，就不致浪费时日了。

二、非有全权经营的商业 商业机关没有经营全权的，是绝对不能讲科学管理的。外国人请一个经理来经营商业，必定以全权付之，而且经理的薪水非常高，有些经理的薪水，比大总统都高。在美国，一个公司经理人的薪水，比罗斯福总统的俸给高得是不少。你想一个经理为你竭尽心力，每年使商业上盈余几百万元或几千万元，那他每月赚你二三万元的薪水，又有什么稀奇。不过外国人有这种气派，而中国人则不行。中国人任用一个经理，薪水甚少，养廉不足，坏的人容易舞弊。而且股东张三李四，你荐人，我借款，使这位经理办事棘手，这样要讲科学管理就不易了。

三、动文墨的人 一个动文墨的人，也不能用科学管理。因为写文章，全用脑力，如果叫他写出规定的字数，少了字就扣钱，这样写出来的绝没有好文章。现在一般书贾，规定一千字三元或四元，因此使一般依赖卖文为活的人，把文章拼命拉长，虽没有一丝意义，也多凑上几段不知所云的东西，所以现在那些书，读了徒令人耗费时间。

四、人工多的国家　因为有许多现代国家人工少，生产要竞争，所以需要科学管理，以增加生产效率。可是在人工多的国家，则不宜于科学管理。当我二十年前办理第一个纱厂的时候，我曾经挑选了四十个精壮女工，试用科学管理。每一个女工的工资，都由四角提高到六角。先前两个人管理一部车的，现在改为一个人管一部车，她们工作很好，而且出品数量和质量均和以前一样，可是三天以后，这些女工都向我来说再做下去要生病，所以不愿这样再做下去。一再另选，都是如此。经我调查后，才恍然大悟。原来其余四百女工不许她们做，因为假使这样从四个人管一部车而改为两个人管一部车，那其余的二百女工，势必失业。因此大家不许这四十个女工做，如再做就得吃生活（指挨打——编者）。

这一来，我就废了前项办法，改为每人加给工资，而命她们极力减少废花，以前每车出二磅废花的，隔了一个星期，每车仅出了一磅废花。工钱虽增加了，而废花少了，计算起来还是上算。

因此，我悟出一个真理来，就是人工多的国家，是不宜于科学管理，最要紧的，是要设法如何去减少废材。

七、不宜于科学管理的三种人

（一）自大　要讲科学管理就不能自大。一个人以为我是大好老，别人都比我小，别人都不如我，那这个人就根本不配讲科学管理。一个讲科学管理的人，应当虚怀若谷，到处接纳别人的意见，到处能请教人。过去，我常常到工厂里去征求工人的意见，以备做改良的参考，不要以为他是工人，比我小，比我无学识，我就看不起他。苏联斯泰哈诺夫运动，就是工人斯泰哈诺夫所发明的，对于苏联五年计划的煤矿生产，尽了大的力量。所以讲科学管理，要听取大家的话，因为一个人总有许多为自己所不知道的事情，尤其是一个数千人的工厂，看不到的地方也很多，如果一味以大好老自居，何能求事业的改进。

（二）崇拜外人　崇拜外人的中国人，不配讲科学管理。有些中国人即使见了有学问经验的中国人也是看不起。看见外国人"好！好！"什么都好。所以请起外国人，此人月薪三千元，那人月薪五千元，毫无吝惜，而外国人所做的成绩，并不一定比中国人好。所以对于聘用外国人，应当有分别，并不一定每一个外国人都是值得崇拜的。

（三）忌才　忌才的人，也不配讲科学管理。科学管理是需要尽量善用人才，遇有真才实学的人，绝对应该用他的长处而不能妒忌他。所以讲科学管理，应不论是不是亲戚或朋友，只要他有才，就都应帮忙，都应一律援用。假使因为这个人有才，你就妒生于心，千方百计破坏他，那根本就办不好事业。

八、结论

科学管理的效果，简单地说，有四大特点，就是：一、无废才；二、无废材；三、无废时；四、无废力。这些效果，原是看不出来，但对于各方面无形的反映力量，则极伟大。

最后，学做科学管理的人，往往失之太清，使人家见了害怕。本来我觉得一个人能看得清，是一件好事，但是处在现在的社会则反而不好。所以古人说："山至清无鸟，水至清无鱼，人至清无徒。"我在这里说的"徒"

字，是指跑跑腿的人，不是指朋友。

太清的补救办法，唯有宅心仁厚，若处处以太清待人，人就要怕，宅心不仁厚，则连犹太人见了也怕。所以一个讲科学管理的人，济之以宅心仁厚，则方能融通事业，以抵于成。有些人因为把人看得太清，而环境上又不许你太清，因此，有抱屈大夫孤高抑郁之感，这也是不对。古人所谓："穷则独善其身，达则兼善天下。"将来时局好转，得到最后胜利，那时把科学管理应用在各种事业部门，国家民族，一定受福无穷。今天因时间匆促，不能多讲，请诸位原谅！

我所希望于职业青年的几点

余年十四习棉业，至今已逾五十载，其间各色各样的人物都接触过，尤其是在事业上曾经许多的创造，许多的失败，因之人世间之甘苦，亦经饱尝；不过因为自己对于多年来社会上的进步，总觉得是一种表面的，实际上真是有限得很，所以每抱"予欲无言"的宗旨，然而自己对于民族、对社会、对青年，本是蕴蓄着满腔热忱，因之这"无言"之痛，亦仅有自己才了解。

最近孙君起孟要余为"职工生活"写一些职业经验的报告，余思职业界的青年们，都是抗战建国的有力细胞，余虽不敏，但何敢不掬诚以告一二。

（一）业余自修　一般职业界的青年，常常总以为不曾受过高深教育，引为憾事，而余则以为不然。余认为即使一个得过最高学位的博士，回到祖国数年，要是他对于所研究的那门学问，不加以继续不断地增加新知，那他的学问也是要落后的。假使一个人在社会上三年闭门，不读有益书报，那他对于国内外的情形，也势必茫然，因此所谓"学位"者，不过表示人对此门学问已入门径而已。假使入门而不深造，与不学也相差无几。西谚说，"世界是一个大学校"，世界上过去和现在的大政治家、大科学家、大事业家、大文学家，许多是由刻苦自修而成。所以职业界的青年们，能在业余继续披览有益书报，一定能得到无穷的知识。余认为一种专门学问，如能得人指导，自己再每日下一小时的研究功夫，这样继续三年，总可以得到相当成就的。

职业界的青年们！没有机会入大学得学位不是一件憾事，业余而不肯去看有益的书报，那才是一件终身的大憾事呢！

（二）辨别与判断　一个人读书，以能抓住要点为主。在一本书里，可以找出某几页是主要的，在这几页里，又可找出某几段、某几句是最主要的，是全书的精华。所以读书需要做到能辨别与判断书本内容的好坏，理论的是非，主义的真伪，文字的优劣，久而久之，由一本书及于若干本书，就可养成一种辨别与判断的能力，而且更可以扩展到自己的立身处世，去辨别与判断朋辈的诚伪，事实的是非，宣传的真假。这种能力一经养成，所谓遇事见微知著，左右逢源，入世之道，思过半矣。

（三）实做　一般人的弱点就是"仅图表面"，一事未成，锣鼓喧天，早已传遍全国，这样言不顾行，往往为识者所讥笑。不论任何人做什么事，社会似乎不一定对好的表扬，对坏的指摘；然而社会上大众的认识最清楚，批评最严正，"某也贤，某也不肖"，真是了如指掌。所谓一手能掩尽天下人耳目者，不过自己骗自己而已。我相信一个不图表面，刻苦耐劳，拼命实做的青年，必定能得到最后的胜利。

（四）量入为出　现在职业界青年们最感苦闷的，要算"入不敷出，生活艰苦"一事。所以狷介者书空咄咄，徒事兴悲；而狡狯者，则联络、勾结、夤缘、舞弊，无所不用其极，终日营营，总想早发财，早升官。你想一个青年人要是如此，其不堕落者几希！古语说，"俭以养廉"，因为一个青年人的前程无限，正当"劳其筋骨，饿其体肤，空乏其身，增益其所不能。"备受大任的时候，必须以自奉俭朴为保持纯洁的唯一法门，不可因一时之利诱而入歧途，将稀有的机会、终身的幸福葬送净尽。况且中国民族倘不能得到解放，则任何中国人的生活绝不会得到出路，现在我们正在艰苦抗战，争取自由独立的时候，更应洁身持己，刻苦耐贫。

（五）以诚待人　社会一般观察力甚强，而有识者的目光更为清晰，所以不论什么人的一举一动，周围都有人注意，大有"十目所视，十手所指"的严密。因之古人有一句"暗室无亏"的话，大可给青年人奉为圭臬。青年人不要以为这件事我可以卖弄小聪明、小机巧、以图自利，以求幸进，应知道你聪明，别人更聪明，一旦西洋景拆穿，不但何以为情，而且丧失信用。要是你能随时随地待人以诚，即使遇到有些错误，也可为人所体谅。

（六）找寻机会　社会上的机会，恰如清水中的鱼，我要捉这条鱼，必须先问问我的钓竿够坚强否？我的渔网够牢固否？甚至于我的腕力能控制这条鱼否？假使都不够，或有一够，则这条鱼虽大，也只好让它安然游去。人的找寻机会，又何尝不然。一个机会到来，我必须先忖度自己的学识、经验、能力、环境、是否足以胜任，如以为是，则取之，否则，宁可舍却，而不必稍加顾惜。因为这个机会虽好，而你的常识、经验、能力等都够不上，勉强做了必定失败，也许把你以前一些原有的名誉都丧失了。

要是你的条件都够得上担任此事你还须用全力以赴之，务使所做的事能尽善尽美，那时你的声名鹊起，利亦随之而来矣。

话虽如此，然而旷观目下一般中国人，大多数是利欲熏心，廉耻丧尽，但求地位的肥美，哪问自己的力量。因此一朝机会攫着，除了假借地位，捞钱享乐外，对于正当任务，非但"所谋辄左"，而且"手足无措"，弄得国家社会，皆受影响。你想二三吨的小船，装上了一二十吨的货物，小船超载，那不得坏事？职业界的青年们，如果希望自己有一个伟大光明的前程，必须先设法增加自己的学问和能力。

以上种种，原是老生常谈，但言之易而行之难，终身奉行不辍更难。青年人果能看重这些常谈，努力奉行，那非但自己必能在社会上崛起，干一番事业，也可使社会一般人知廉耻，敦风俗，以至政治因之清明，国家因之兴盛。余愿职业界的青年们，其有以深思而熟虑之，身体而力行之！

（原载第2卷第6期《农业推广通讯》）

第 三 章

家国忧思：既得财，即用之于社会

国民不当纯抱悲观

　　我国政体革新以来，逝水年华，忽已八易裘葛矣。试一回溯之，觉此八阅年中，国家所呈之现象，纷纷扰扰，迄未少休。哀我蒸民，固无日不在水深火热中也。内乱未平，外侮叠至，帑藏若洗，仰债款以偷生；聚敛多方，认搜刮为能事。学校固植材重地，不惜摧残；路矿为立国要图，随便私赠。武人当路，货车之输运不灵；蠹吏殃民，厘卡之陋规层出。更加以外商之垄断，喧宾夺主，而视为故常；恶税之逆施，损我益人，而俨同化外。种种困迫情状，罄竹难书，以致内国工商百业生气索然。因工商百业不振，遂使多数平民，谋生无路。由是而强有力者激为巨匪，悍无归者变为巨盗，弱且黠者流为拐骗，祸机遍伏，举目四瞻，几无尺寸净土。更向中上级社会概况言之，其翘然秀出者，每每智控术驭，蠹国自肥，结奥援、谋要津、乞怜昏夜，骄人白日，骤然得志者类若斯，几不知人间有羞耻事焉。其洁身自好者流，亦仅仅为一身一家温饱计，奔走衣食，唯恐不及。数口之家，坐食而不能生利者，恒占三之二。此所以负室家累者，对地方上事且不暇顾，又何论乎国家？此外更有大多数人，昧于立业要图，而为幸获之心所役使，痴然以未来之富家翁自期，典质挪借，孤注一掷于投机场中，破产歇业者踵趾相接。小则一市场或一部分之金融为彼牵动，大则诸市场诸部分之金融受其影响。前车屡覆，告诫屡颁，后来者毫无觉悟，对此绝地依旧趋之若鹜也。识者观彩票奖券营业之变本加厉，知幸获心之中毒于社会大有不可收拾之势焉。嗟乎！政治则废弛甚，人心则陷溺甚，亡国之兆，益以显著，议者莫不忧之，而仆则未敢引以为深忧也。

我国积数千载专制之淫威，数百年相沿之秕政，一朝改为共和，全国人民，如驽马之脱去羁勒，鸷鸟之突出樊笼，各处冲突，不可阻扼。无非假借名义，误用精神，奔赴其自私自利之主意，曾几何时，而民德、民智、民力之堕落，以至于此。虽然，平心论之，此亦生存竞争之常态，不足以为怪也。试检点世界变政诸国之旧史，每当政体变易，全国鼎沸，新旧两派，互相水火，历若干年方始奠定。鉴于往事，知群情之不能翕然相容，而激起轩然之波澜者诚为不易避免之一事，此殆进化之公例也。盖国民程度，须经过几何时日，受四方情势之包围，自然而然每向愈上，久之终底于至善之地位。至善之地位未可以一蹴几也。是以政治上、社会上所发现之种种恶现象，在过渡时代所不能免，仆以为无足怪者正在乎此。

仆近自河南郑州归，途遇京友，谈次唏嘘不置。述某要人之言曰："中国不亡，是无天理。"仆闻斯言，不禁怅然者久之。继念某要人系政界中负时望者，政治之良否，某要人与有功罪焉。某要人其洁身自好之流耶，宜竭智尽忠以图补救；其推波助澜之流耶，宜力自忏悔以盖前愆。何以致政象日非，国几不国，而发此懊丧之言？仆以为无论何种困难，不足以亡中国，而此种谬见如不及早消除，即足以亡中国而有余。

中国拥绝大膏腴之地，物产丰饶，为全球各国所惊羡，苟治理有道，游食之民，使尽归农；生谷之地，以次垦植。即仅就地利言，我国人果能利用之，已足以致富强。中国有此天赐之地利，中国必不亡。

中国拥最大多数之人力，性甚驯良而善耐劳苦；生活简单而佣值低廉；天资又不弱，稍经训练即成良工，即使无他凭借，仅此四万数千万人之腕力，善于使用之，可以创造新世界。即得恃此四万数千万人之腕力，造成坚固悠久之地盘。中国有此举世弗及之人力，中国必不亡。

然则中国前途其遂无所忧乎？曰："是又不然。"可忧者果安在？即国民对于国家不抱乐观是已。国积人而成，人无乐观，即有死气，国民而多数不作乐观，即为亡征，此仆之所以引为大忧者也。盖不乐观则处事无进取精神，不进则退，不取则舍，于是乎生灰心。以灰心故，于是乎达观自许者，消磨其志气于醇酒妇人；愤世过甚者，牺牲其素抱而投江自杀。或则入空门而深山匿迹，或则避祸机而披发佯狂。天生吾人于国家多难之秋，救援责任即在吾人之肩头，苟抱才者而肥遁鸣高，置理乱于不问，夫岂国家之福哉。

高丽被并仅九载耳，高丽人民饱受剥肤噬脐、敲骨吸髓之痛苦，徒手奋斗以谋独立，含笑就刑，骈死黑狱之间。天道茫茫，高丽民族有此舍身救国举国一致之精神，一时竟未能贯彻其主张，读大易"先天而天弗违，后天而奉天时"之明训，深惜高丽人士之不能以今日乐观之精神，发挥光大于九年之前，靖国难，斥神奸，而拒绝外力之侵犯也。

吾中国今日国步之颠踬，国命之垂危，因前此一任少数有权力者之操纵而致此，及今营救，尚未为晚。苟失此不图，安知高丽之厄运，不移转于我中原大陆之上也。与其创巨痛深，越若干年后效法高丽人士之徒手奋斗以求自存，何如乘今兹大足有为之时，人人抱定乐观主义，各就所立地位，悉力做去之为愈也。民心不死，其国不亡。哀莫大于心死，不抱乐观，即其人心死之写真，民国前途之隐忧，其在斯欤？

改良社会习尚已至紧要

予今日请将改良社会习尚为听者诸君畅论之。请先述社会之起源，譬如高廊桥，二年前非常冷落，桥下只有一来煽茶馆，来煽云者，顾客无多，须客至，然后催炉应客，其冷落可知，此时固不成为社会也。迨德大纱厂开业后，如粮食业、薪炭业、南北货业、鱼肉业、糟坊业、杂货业，砖瓦业、小菜市及其他一切小贸易，与小车夫、人力车夫、运货脚夫等，先后来集于此，相利相赖，而社会成矣。社会内容，又有种种区分：如纱厂工人与纱厂工人遇，相谈纺纱事业，觉甚有味，较之接近他业，感情不同。于是乎有士农工商，各分其类者。亦有纤维工业与金石工业，竹木油漆工业又划分崖岸者，等是工业中而分各种阶级，其势殆出于天然。但开明人则殊不然，以其胸襟扩大，不存阶级观念，对于各界，皆善于交接，悉皆融洽。最阻碍进化之事，在乎各挟私见，各不相能，不善处群，即其人之不善于自处。予甚望地方上，人人能与各方面相融洽，人人能勉为有益于社会之人。今日社会精神之不振，类皆中毒于前人所分阶级之谬误而致。自旧见解观去，以富贵者为上等，力食之人与一切劳动家为下等，介乎其中者为中等，此实谬解。以予之眼光观之，不必有何钱财，有何势力，有何高深之学业，只需其人所做之事有益于地方，或有益于国家者，即可为上等人。例如拔除碍道荆榛，劝阻阅墙矛戟，凡种种惠群息事之美德，俯拾皆是，不费囊底分文，只需一举手一启齿之劳，而地方上受福多矣。如此寺中所供之神像，其生平大都做有益人世之事，或赤心爱国，或仗义救群，生前力行有益于世之事，死后方可受人馨香跪拜。予为此言，并非导人迷信，予实望大众起自敬之心，放下屠刀，立地成佛，人人以菩萨自勉。即降一步言，人人当勉为良善之人。人能束身自爱，且能推诚处群，无论何等不名誉事，立誓不为，即其处境何等穷苦，已无愧乎为上等之人。予甚敬之重之，认之为友。然则人欲为上等人，亦至易耳，只争在一善念之发动间。次则勤恳为事，安守本分，不肯为作恶犯罪之事，唯只顾一身一家，于有益地方、有益国家之事，则寂寂无闻，此为中等人。吾愿吾地方、吾国家，宁减少此中等人，而增多予所主张之上等人。予所云下等人者，无论其富有千万，贵至极品，其所作所为，有害于地方或有害于国家，故即得决言其为下等人。世界上若多此等人，世界将成为兽世界。试问其人何不幸而至此，曰：声色货利，骄奢淫佚，有以陷之耳。予甚望大众操练此特异之眼光，视人作为之有益社会与否，而定其人之贤不肖。欲防止不肖之流毒于社会，只需大众注意在此一点，既人人持此特异之眼光，以定人贤否，社会程度，自然增高，社会群众，自然进步。自是尔后，大众互相警惕，互相勉励，惴惴焉唯恐一言一行之失当，遭大众之不齿，不齿于大众，为人生最痛苦之事。与人家聚处之乐，尚非真乐，能与各方面人相接近，而得大众之尊视，即至乐。请大众仔细审量，看破此关，勉为好人，增高社会程度，当以培养此判别人类贤否特异之眼光，为先决问题。中国社会程度何以甚低？因百分之九十九重视有权势及有钱财人，不恤自家身份，甘心媚之。为问贡媚之人，果能得彼分毫之余润，或得其一力之拔擢否乎？不能也。然则媚术之无济，可早看破矣。然则何不舍此趋附功夫，转以自策？人若自贱而为媚人之人，留此丑状供其他无志者之观摩，最足阻碍社会之进步。多人如此，则地方不堪；各地方如此，则全国不堪。予深望大众对于自己务刻励、务自敬，对于大群务推诚、务相爱。地方百业，

153

蒸蒸日上，地方秩序，井井有条。殴斗狱讼之事不复生，盗窃诈欺之事不复作，凡此种种皆发轫于努力向上之一念。此予改良社会习尚之主张，至平易，亦至紧要，人人可以力行者也。

愿国民本强毅不屈之精神

先哲有言："义胜欲则昌，欲胜义则亡；敬胜怠则吉，怠胜敬则灭。"证之我国革政以来之往事，益信此言之不谬。盖国民为国家之主体，民德不竞，即国家危殆之祸所由起。国民而各私其私，置国事于不问，而后武人政客，得逞其争雄攘利之阴谋，辱国丧权，罔知羞丑。年来外交失败，陷我国于屈抑之地位者，实我国民前此不负其爱护国家之责任有以致之。今者我举国人民彻底觉悟，牺牲一切，置身家于不顾，以救国为前提。一方面厉行消极之抵制，予蹂躏人权者以一种有力之警告；另一方面追源祸始，集矢于曹、陆、章辈，人民与政府徒手奋斗，爱国学子群起争持？商工各界咸表同情。罢课、罢市，几及罢工，全国响应，莫之能御。政府惕于民气之激昂，勉从国民请求，罢免曹、陆、章以平众怒，诚可谓国民与政府战争之胜利。然而国政腐败若此，除曹、陆、章三人外，尸其咎者正大有人在。自今以往，步曹、陆、章之后尘，依然祸国殃民而毫无顾忌者，未必遂无其人。则我国民，今后对于政府之措置，更宜注意，务使若辈不得稍逞其奸谋，则政海澄清，政治庶进于轨道。我中华民族之精神，经此番小小试验，以勇于赴义，敬以将事故，为举世所谅解，猝得初步之贯彻。然时事纠纷，待我国民起而处理者至繁，则今后应如何储养其学力、锻炼其志行、淬厉其精神，为国效用，以求富强。吾知多数国士，决能服膺《六韬》"尚义主敬"之教训，以发挥吾国民报国之任务。唯所患学养未到，及有所假借者流，怠气中之，欲念败之，相率而趋于自杀之一途，或牵连而遗误今后之大局。吾为此惧，用特引亚圣愿无伐善之名言，为吾国民勖。

回溯民国革新后，所谓大伟人、中伟人、小伟人者，几乎举国皆是。聆其言论，无非夸伐其功绩，某某之夕，如何遇险；某某之役，如何尽力。傲睨一世，一若成立民国之巨功非斯人其谁属。然吾人试平情思之，革政时丧失生命者不知凡几，此若存若亡之共和政体，不知牺牲无数真正爱国志士之颈血之心力而得之，彼纷纷扰扰者，徒促国家之命运，增进国民之痛苦。政局纷更，民生凋敝，皆发端于此伐善之一念。故予尝谓此种伟人，罪则有之，功则安在。国谚有之曰："善捕鼠之猫不善鸣。"然则以有功于国自鸣者，其人格亦可概见矣。鉴前矜后，吾人又何敢已于一言哉。

此次抵抗政府，全国一致，无论男女老幼智愚贤否，皆有所牺牲。此不过聊尽国民应尽之天职，本无功绩之可言。唯吾民以习于宁静无扰，故在己，以安守本分自策；在政府，以柔愚可欺相待；在外人间，以无能力无团结相讥讽。此次群起力争，表示吾民族固有之精神，虽所得无几，而群力之活动，国誉之增高，实足令人钦敬。深愿我国民本此强毅不屈之精神，以救今后之难局。毋因循，毋骄纵，毋偏激，牺牲小己，顾全大局。不求名，不图利，不涉党派，不阿私所好，人人光明磊落，始终恪守尚义主敬之良训，以蕲达救国之目的。则我国前途，庶有豸乎！

改良农业救济民困

民以食为天，古来善治国者莫不以足食为先务，足食则民生遂，教化行，礼义廉耻，四维乃张，粮食之关系有如此。今者吾国受欧战之影响，粮食出口较前激增，内乱频仍，农民不能安守其本业，加之以农学未兴，农政不修，粮食产额恒有不给之虞。更加以门户洞辟，日本米贵风潮迭起，日商勾串吾国奸人，百方设策，尽量吸收出口，漫无限制。少数黠者，借谷贱伤农之说，耸动政府。而政府中人，一因大借日债关系，希冀见好于日人；一因眩于发给护照之小利，故公然运米出洋，不但不加限制，反推波助澜，种其毒害于民间，故至于此日来米价每石已涨至十六元，为旷古所未闻，生计界恐慌情形不可终日。仆不揣固陋，请述其原因及补救方法如下。

米贵之远因与近因

一、我国虽以农立国，于农学素不讲求。地力日竭，农民生活维艰，俭于培肥，致产额有缩而无伸。

二、人口繁衍因不卫生故，死亡枕籍，累累荒坟，触目皆是。熟田日削，荒冢日多，而害虫巢穴亦日增，为害遂日烈。虽垦荒事业亦逐年进行，终究得不偿失。

三、兵祸连年，扩张权势者流日事招募，一旦失败，散而为匪。生产之农夫，变而为消耗国力之兵士，更流而为扰害地方之盗贼。其结果，使良民不能安堵，农事废弛，产额遂减。

四、东南人满，西北土满，于此多失业游民，于彼多荒废田亩。凡人满之区，食料偶告缺乏，价值因而骤增，而于上海为尤甚。

五、米贩巧于运动，请领护照，借名军米以避稽查，况金钱万能，沿途疏通，一照且可屡用，出口数目益无底止。

六、沿海口岸，随处可以运米出洋，海关无从稽查。

七、即非口岸，而日本商船便于通行，随处可以接受此项偷运之食粮。

八、棉价高昂，沿海产棉区域因之不照棉谷轮种之旧制，连年栽棉以期厚获，米粮减少，亦复不少。

九、因运米出洋，囤积居奇者日多，而米价因之步步提高。

十、偶有因米粮发生事故，报纸记载独详，当地人民，恐慌大起，有余力者争先恐后购而储藏，故米粮亦缺。

十一、粮食恐慌发生后，各报争相传布，产米区域，亦起恐慌，此地运至彼地设法限制，申地来源遂日见稀少。

积极与消极之救济方法

一、由官厅设法限制价格。（此事已由仁谷堂函请总商会登报以安民心。）

二、组织粮食调查会，调查存钱米粮数目，设法使其平价出售。（此事已由总商会议决进行。）

三、各处添设平粜局廉价出售。（此事已由各当地热心善士实行已两星期。）

然鄙意尚不只此也。按物价之低昂，实出于供求之定例，求过于供则价昂？供过于求则价廉，无古今中外，其理一也。湖南兵祸连年，交通阻塞，米粮陈朽，苦乏现金，闻每石仅三四元。江西产米亦多，闻南昌米价每石仅六七元，苟当局者以救济民生为念，集二三十万流动资本，运输来申，不但有益于上海，湘赣两省人民亦交受其利。移粟之古训，岂当局者竟未之前闻耶？及今急起图之，尚未为晚，此系积极的治标方法也。积极的治本将奈何？曰：唯务农而已。无农即无工商，无农工商即无生利之途，而国无与立。故立国之道，首在务农，衣食足而后可以言治安。本年四月间，省长召集实业行政会议，仆等曾有振兴本省农林之大计划，因地制宜，规划全省农场，采用科学方法增多产额，借裕民生。此案曾经通过，曾经省长交省议会核议，不谓省议会衮衮诸公，竟将此案打消之。意者振兴农林之计划，其有害于本省耶？或议员诸公有比振兴农林更好之计划在耶？抑别有不能明言之苦衷耶？清夜思之，其能有动于中否？米贵之主因及人民之不富裕，均应归咎于农政之不修，仆借此机会，抉出究竟，希望全省人士及全国人士，咸着手于农业之改良，并注意于监督代议士之行为，指导之而纠正之，是乃救济民困之要着也。

生利的政府

　　《新闻报》馆总理汪君汉溪对于本年双十节继续征文，以予涉足工商界，于工商界所受时局不靖之痛苦及所抱政治改善之希望当知之较详，嘱为撰稿。予不文，第感于汪君忧时爱国之至意，不敢不贡其一得之愚。予工商界中人也，工商界年来所受之痛苦无往而非政争所波及，政权久已旁落，政府视同赘疣，不幸陷于无政府地位，忽忽已三阅月。邦人士素位而行，相与安之。虽然，群龙无首，对内对外，失其系统，国际地位，受损实巨，又安能任其长此终古耶？共和缔造，忽十二年，双十又来，纪念国庆，国既不纲，庆于何在，挥泪之不暇，又安能有所点缀哉？无已，唯有表示我工商界殷切之期望，期望无他，攘利之政客相率归休，生利的政府及早出现，俾举国人民咸得安居乐业而已。生利的政府云何？政府当局？人人公尔忘私，同心勠力，发展社会经济，增值国家富力，消弭国内殷忧，助进全球幸运而已。勉草此篇，与我邦人君子商榷之。

　　政争剧烈，国纪荡然，礼义廉耻，敝屣弃之，攘夺把持，党系争之，佥以为握财政交通之权者可任意侵蚀巨款，典卖国产，予取予求。不转瞬间，措大坐拥巨产矣。故财交久有红部之称，谋得肥缺者，趋之若鹜，谋者无限，而肥缺有限，于是倾轧之风炽矣。所谓红部者如是，而攀附争竞者不悟也。此外教育、司法、农、商诸部，名曰闲部，借以位置第二等政客而已。

噫！政体之败坏，以至于此，复何言哉。

财部大宗入款为钱漕、捐税及关余、盐余等，虽握全国经济实权，然实际不过一高等会计而已。苟财政当局，长于理财，取之于民而民不怨，亦仅可谓挹注有方。然其所恃以挹注者，无非斯世斯民之膏血，于人民实无几何之利益。若夫财政当局而能统筹兼顾，作政府与人民间息息相关之循环裨益要图，一方面循规律以取之于民；另一方面出若干财力用之于民，提纲挈领，奖进保育农工商各业，使种种产额步步级增，发展国家之经济，此财部构成生利的政府之原则，我工商界对于今后之财部所系以无穷之期望者也。

交部掌管全国铁道、邮电、航路，收支款项，位置人员，其劳力远出财部之上。壁垒坚固，而策应灵捷，交系名目，喧腾于政海间，循名责实，除邮务办理成效卓著外，次唯电政尚差强人意，余如路政、航政，非但毫无成效，且废弛实甚。交系云云，徒为军阀政客植权攘利之唯一机关。邦人士竟放弃本有之监督天职，相与充耳无闻，当局如彼，民智如此，可怜亦可耻矣。虽然，交部中不乏贤俊，倘一旦君子道长，必有抒其素抱起而从容整理之者。唯鄙见交部职权于交通范围内事尚须扩展，庶几责专而效宏。例如辟干线、筑支路、省道县道以次开拓，化游民为路工，发荒山为宝藏，工业原料取用不穷，腹地产品转输便利，同时开浚河道，扩张航路，以我国之羡余，补各国之不足，取各国之特产，应我国之要需，一策划，一整理间，推行尽利之欢声遍满宇宙间矣。此交部构成生利的政府之殊勋，我工商界对于今后之交部所系以无穷之期望者也。

农部应时势之需要，一方面文字宣传，广播实业浅说；另一方面辟场研究，亟图农产改良。统计颁行，偶开调查之例；商标登录，聊尽保护之方。于百无聊赖中，稍有表见，然终以国家多故，财力不继，于工商业保育政策上迄未见有差强人意之设施。况农商当局每每牵入政争旋涡，去住靡定，等职官于传舍，虽有贤者亦往往以多种不幸关系，卒之无所建白以去。虽然，往者已矣，农工商为立国要图，愿自今以往，有振兴农工商宏愿并绰有振兴农工商才具之人居此要职，俾于一切设施上及一切保育政策上畅所欲为，而克收厚效。务使国无游民，野无旷土，地无弃利，自给有余，进给世界，夫然后寸寸土地，寸寸光阴，胥化而为寸寸黄金矣。百利俱兴，则众患尽息，此农部构成生利的政府之正轨，我工商界对于今后之农部所系以无穷之期望者也。

教部为全国教育事业之中枢，最良学制之厘订，教育事业之匡扶悉唯教育部设施之是赖。国家千百年大计，人间无量数事功，在在需才，在在有待乎陶冶，是则械朴作人之举万不可以等闲视也。且也国民苟失教，则生产力不克与消耗力并进，嗜欲多而消费巨，生产力不足而度日维艰，巧取幸获之风因之而日盛，优秀分子流为政客，政客愈多，政争愈烈，人心愈堕落，风俗愈败坏，水深火热，人民所受之痛苦愈不堪言状。如此景况，何莫非国民之失于陶铸有以致之耶？今欲挽既倒之狂澜，非力谋良教育之普及不为功，教育莫良于适应时势之需求，尊任尚朴，重廉耻，守礼义，自立立群，避名务实，铲除自私自利之行为，不失磊落光明之态度。此等人才而为国家社会中心人物，中兴不难立见矣。夫国民教育中最要之点在乎才愈大而心愈虚，不辞任务之辛劳，而唯以不能厚植信用之是虑；不嫌地位之卑小，而唯以不能发展所业之为羞。出力务多，而享用唯俭；制心一处，而所作务精。人人勉为国生利之前驱，而以剥蚀国力为丑事，青年学子一日不可无此决心；教育当局一日不可无此主张。此适应时势需求之教育，在教部尤有扶植奖进之天职。此教部构成生利的政府之要图，我工商界对于今后之教部所系以无穷之期望者也。

人类有智愚贤否之不齐，境界有顺逆得失之不同，处理难解之纠纷，维持社会之秩序，法律警备尚已，司法与警务皆间接扶植生利事业，而未可一日或缺者也。内务外交于生利事业上亦有多种关系。当此全球一家，中外互市，农工商业借重外交处亦不在少数也。至于海陆军虽不能一日不备，务期其百年不用，我大中华民族绝无侵掠与国之心，故海陆军备当缩至最小限度，取其于必要时足以自卫而已。诚能进一步采取寓兵于农、寓兵于工、寓兵于商之制度，自卫之力蓄之于农工商自身，而今日兵匪扰民之痛苦，军阀跋扈之丑行庶几可一扫而空于来日欤。予也主张生利的政府之产出，于悉力整顿财、交、农、教诸部，期望尤切。而于他部之应如何振作，如何改革，不在本问题范围以内，故从略焉。时无论古今，地无论中外，一切人事皆唯心现，我工商百业界莫不切切焉渴望攘利的政客之归休，生利的政府之出现。苟我举国一致，植此有力主张，更进一步，转客观为主观，转虚想为实行，则我大中华民国生利的政府实现之期固不在远也。

解决民生困状之研究

我国生齿繁多，地方广袤，素为各国所艳羡。东南各省大都山清水秀，物产丰饶；西北各省泰半土燥天寒，地多弃利，以是因缘，东南有人满之忧，西北有地旷之患。人众而不理，地广而不治，有一于此，足以病国，况兼而有之，国内种种之纷扰，未始不伏线于此两端之下也。然则我国之立国大计固莫善于重农，而莫急于举办垦殖大业，厉行移民实边之政策矣。吾人试默察之，举凡今日之一切病国害民者，何一非民，何一非谋生无路，遂相率出其幸获诈取阴谋豪夺之种种不道行为，祸国而殃民。虽然，彼等所恃以生活之途亦至危殆，彼辈亦自知其不足恃，盖的一而矢众，无往不苦其生活之途穷。设有安全之生活出现于前方，则彼辈之舍歧路而来归者必大有其人，可无惑焉。

且也世之习逸成惰者固不知植果千树之胜万户侯，鼓腹高歌之有四时乐也。减生活上剧烈之竞争，增大陆国无量之天产，食粮高价可因此制止；工业原料可无虞缺乏；裁兵计划可因此实施，种种困难问题大部分可因此解决也。无须巨资，可以依次进图，不恃机械，可以赤手奋斗，到处可为家，在在足以序天伦之乐，俯仰能自给，人人可以植自立之基，以过庶之民族，起辟天赋之荒原，生利之丰，奏功之捷，有断然者。愿我海内之谋国是者一致策进之。

或者曰："子之所言固甚是，第以我国年来不靖之现状观之，与子所主张者适得其反。法令不行，武人跋扈，滥募招则匪势必编为兵，一失所则兵亦即化为匪。民不聊生，村落无安居之地，岁无宁日，农田变荒芜之区。固有之利源尚且不能保持，其他复何言哉？"释之曰：水之横决也，有壅之使然者。因势利导，大禹行所无事，而奏万流归海之丰功矣。予以厉行垦殖事业为解决今日民生困状之前提者，其用意亦若是。盖人生之所至急者莫急于得衣食，无论投身何地，操业何途，不问其为自利者、兼利者，其同一之目的无非为资生计，无非为得衣食。孰谓开衣食之大源，去竞争之焦点而不足以解决生活上之困状哉。此于垦殖之着手方法，各省区气候地质、水脉交通有种种之不同，当相机而定之。

解决五卅案之我见

　　自五月十五日日商内外第七厂击毙工人顾正红后，酝酿半月未有解决，遂有五卅南京路之惨剧，且续有伤毙者。此案伤亡之众，当局之残忍行为，亘中外古今所罕见。群情愤激，莫可言宣，于是遂有六月一日英租界全市罢市之举。至今已一星期，中外人士之愿任调停者颇不乏人，而双方各走极端，不但无解决之希望，并此接近之方法亦无所闻，良可慨也。虽然，欧战血战五年，卒归解决，况此种惨杀案乎？是在双方之揆情度理，推诚相与，并愿鲁连其人者弗辞劳瘁，继续进行，则燎原之火势或可少熄，而中外之感情庶几不致过损乎。玥不敏，谨援各言尔志之义，就法理事实，以研究此问题及进行之步骤。本其一得之愚，贡献于邦人君子，幸垂览焉。

　　（一）负击毙工人、学生、市民之责者应依法惩治；

　　（二）发令枪击之总巡捕头应暂行停止职务；

　　（三）被押各人应即释放；

　　（四）嗣后工部局应负责声明不再有随意枪杀之举动，并不准西人越界拘人，及借口戒严而随意搜检行人；

　　（五）撤销戒严令；

　　（六）撤退海军陆战队及商团等；

　　（七）倘工部局允许实行二、三、四、五、六条时，各商行号应一律开市，静候法律解决。

　　盖此项惨案关系至巨，亟应详搜证据，调查事实，手续甚繁，绝非三数日所能竣事，故应取治标、治本两法。而上列第七条，即治标之法，至其他惩凶、抚恤、收回公堂、要求市民选举权及集会、言论、出版自由等项，此种要求，性质既各殊，而各国主张势难一致，自应由吾国外交当轴，根据民意赶速进行，以图圆满解决，此治本之法也。况罢市非制人之死命。实制自己之死命，虽能持久，牺牲太大。且沪地为全国金融枢纽，影响于全国商业实业者至巨，稍有常识者不难推想而知，况目今所罢者尚有其他之工与学乎。或者谓一旦开市而民气即散，将来无良好结果。玥敢谓一鼓之气，不足为气，浩然之气，斯为真气，恐开市而气散，得毋太轻视我商人乎？玥并望吾国人处事有区别力、推想力、组织力、坚忍力，则事无不成，而成无不满意矣。并望吾关系密切之重要商人团体及各业勿依违两可而无所适从，勿噤若寒蝉而甘自暴弃，切肤之痛既身受，补牢之计安可忽。不识吾商界同人，其亦计及此乎？

劳资问题关系全国人民之幸福

上　篇

　　吾国人口众多，物产丰富，市场广袤，工业要素已占其三，固宜与农商并重矣。然规模较大之工场，如煤矿、铁厂、造船所、纺织厂等均发轫于逊清，大都皆官督官办，毫无成绩之可言。自民国以来，始由商人组织各种工厂，其气魄、其精神、其经营方法，以及职工之待遇，远胜于昔日官僚管理时代。于是吾人始稍稍敢言抵制外货矣。回溯欧战时间，袁氏称帝，内争风云虽弥漫全国，而吾人中之勇敢者，金以为此正推广国内实业千载一时之良好机会，失之交臂，实属有负天职，乃不避艰险，奋勇向前。未成立者组织之，已成立者扩大之，惨淡经营，方造成吾国实业界之幼稚时代。当时获利者固属不少，但所获之利大多仍被外人以机器等款项尽量吸收，囊橐而归，以是面团团作富家翁，能偷享人间清福者实约略可数耳。驯至欧战告终，全欧经济枯竭，各国乃尽量恢复工业，借以维持失业之工人，其工业品之输出者，均以吾国为尾闾。唯美与日独受欧战之赐，经济逐渐膨胀，至此时而在华商业深恐为英德所夺，于是均竭智尽能，力谋工业品之推销，故吾国市场遂为英、美、日、德商战之中心点。惜乎吾国工业上之技能设备，以及经济力量远非英、美、日、德之比。既不能与彼并驾齐驱，而吾国政府对于工业往往口惠而实不至。数年以来，不遭摧残已属幸事，遑论保护。加之内乱频仍，税捐苛重，而全国工业遂至一蹶不振，例如纺织厂其最著者也。向使吾国而无工业之可言，则亦已矣，然不幸而犹有此幼稚之工业。试一揭海关报告册上金钱之外溢者年达四五万万，是何怪全国金融立呈枯涸，而奄奄垂毙等于印度、埃及也耶。

吾人生当斯世，不幸而轮回入于工业界中，饱受经历。广厦连云，无从改进；机件众多，势难转售。工人动以千计，嗷嗷待哺，触目堪怜。原料因军运而停顿，出品以兵燹而滞销，乱离之世，息率转增。经济竭蹶，调剂为难，于是倒闭者、破产者、逃亡者趾踵相接。即间有硕果仅存者，激于爱国热忱，不忍以组织已成之上业转售于外人，遂不惜奋精神，绞脑血，挹彼注兹，思所以维持命脉。无奈金融界见之掉头而不顾，戚友闻之娇舌而不能下。故吾人肩兹重负，欲罢不能，即或勉强维持，亦惴惴于来日之大难。于斯时也，不意劳资问题如半天霹雳振耳欲聋矣。

夫金贵于银，尽人而知之。设使银之出产额顿绝，而需要仍急，安知银之不贵于金？何也，供求之理使然也。今吾国工人多而工作少，身体健全之男工，求得一糊口之处尚非易事。故除沿沪宁、沪杭两路路线外招兵之小旗偶一飘扬，应募者即如蚁而集。彼无告穷民非不知按凡军饷未能领足，军阀势力未易常存，唯随散随招，仍然悯不畏死踊跃入伍者，饥寒交迫故耳。以愚之见，今日吾国劳工问题虽应研究，然最关重要者当先力求扩充工作之机会。

合零星股东集成数千百万之资本，从事工业，诚有待于工人之工作，以期发展事业。然易词言之，劳工之生活问题实端赖乎是。乃对零星之股东谓之曰资本家，未免滑稽。借曰有之，试问吾人曾否操纵政权？曾否垄断原料及市场？曾否压迫或虐待工人？稍具良知者类能道之。即以上海一隅论，数十万之工人固赖以生活，而数千万之金钱亦不致流溢于外洋。吾人抚躬自问，虽不得谓有功，然亦无所谓过。准此现状，劳资两方团结一气，以图抵制外货尚且不及，有何打倒之可言？况当此全国工业尚属幼稚，工作物品尚极少数，吾人正在彷徨四顾，欲图奋发之际，奖励之不暇，安忍另生枝节，扰乱其精神，而铲除其进取之萌芽耶？虽然，劳资既成问题，吾人应平心静气，缜密考察，本适合学理与事实之见解，借求双方互利之方法，计莫善于此者。爰供刍荛，用资研究。

下　篇

甲、组织工会。学商两界均已立会，而工人独抱向隅，殊非持平之道。故工会之速应设立，自不待言，然学会性质系由各校推举一二人所组织而成，商会亦然。若工会则由每一工厂之全体工人所组织，其性质与学校及公共机关有所不同。盖工厂系私人营业机关所有，全体工人日常集于一处，在工作时间内，管理员与工人接触时间甚多，倘遇工人作辍无常或故意怠工，若不加以制止，将直接影响于出额而波及于营业上之损失，其结果非致全体工人失业而不止。凡此种种，欲求双方之实利，安能存而不论？试观今日之学校，自学生会成立以后，办理校务者良非易易，致使有志教育之人莫不同声惋惜。夫在热心求学之青年所组织者尚如此，而智识幼稚、力谋衣食之工人则何如？虽然因噎废食，究非良策。是宜有一补救之法以弥缺憾。窃思补救法之最要者，约举之厥有四端。

（一）入会资格。非现在工作之工人及年龄过幼与工作年期过短者，拟宜限制入会。

（二）责任心。各先进国之工人，其智识程度较高。一旦受人雇用，视工事如己事，尽力工作，务求迅速而精美。故不劳而获之徒既为侪辈所轻视，更为社会所摒弃，于是工作之效能亦因而提高。此吾国工人所急宜效法者也。

（三）工人出入权。工厂既系营业性质，则工作之精美者雇主方欢迎之不暇，安肯无故辞退？若有不驯良而专事懈怠者，焉能容忍，听其影响于营业，而令全部工人有失业之虞？依愚之见，工人出入权若非完全属于雇主，绝无工业之可言。

（四）工会经济。工人日出而作，日入而息，其一种自立之精神，纯洁之怀抱，令人起敬。唯人数众多，难免不生派别，经手银钱尤易招中伤者之忌。若经济公开，使人人了然于收支账目，绝无自私自利之弊，即许多无谓之争执，可以避免矣。

乙、增加工资。增加薪工之说，无论任何阶级中人，均表同情，唯增加之限度及其步骤，须视下列三点而定之。

（一）工作机会。工多人少，工价当然激增；反是未有不低落者。假定某厂任清洁夫者，每日工资六角，而厂外无业壮丁，求每日两三角之工作恒不易得，由是而厂内外之工人于无形中即有竞争及排挤之虞，以致彼此均不得安心工作，必至两种工价相差无几而后止。故工价之高低，恒为社会环境所左右，初无资本家所能独裁者也。

（二）增高生产力。语有之曰，技术无止境。技术精深者，其工作必较精巧。工作之性质愈精巧者，工人人数必愈少。所以高尚之工人不必问工资之多寡，当先问一己之技术若何。技术果高明，工资必优厚，此即生产力之增高也。此例岂独工界中为然，于任何阶级中何莫不然？至于技术平庸而希图厚给，累人终必自累己耳。

（三）关税自主。以上两点，为目前所先应研究者。迨至关税自主，则工业始有保护，而发展亦易矣。若果如是，实业可尽量推广，不但能容纳多数工人，而工资亦自可增加。此不得不切望于今后之主持国政者也。

丙、工作时间。时间之久暂，恒视工作之性质而异。如车夫、挑夫之实际工作，至多不得过四小时；细巧而需用脑筋者约八小时；至于伴着机器间或起立而工作者，十一二小时亦无不可。

夫工作时间能缩短至九十小时，确甚相宜。然国民日用所需之上业，政府及主持是业者，须高瞻远瞩，随时注意外人之操纵垄断或倾轧，力谋制止，避免影响及全国。以工作时间之长短，于工业竞争上亦有甚大之关系而不容忽视者也。

八小时工作，八小时休息，八小时睡眠，吾人已习闻之矣。除工人睡眠无须讨论外，其休息一端，颇足供人研究。欧美各国有藏书楼、公园、球、戏以及种种正当娱乐之所，即使每日有八小时之休息，尚不至寂寞。而环顾吾国则何如？第恐休息时间愈多，而工资愈不敷用。此不能不希望主持工会者，预为筹划及之。

他如教育、医药等费，在在关系工人幸福，在雇主方面应切实进行，以尽厥职。兹篇姑不具论。

国人乎！劳资问题表面虽属于雇主佣工，然于社会秩序，金融通商，物价低昂，关系全国人民之幸福至为密切。予不揣固陋，草就此文，援言论自由之义，披露于此。冀当世达人详为讨论，务求一持平之道解决此问题，而使人心安定，则福国利民之举其在是乎。

天灾有严重　注意之必要者

　　本年入夏以来，全国各地先后发生水灾，在长江流域者，则有鄂、湘、赣、皖、苏五省；在黄河流域者，则有鲁、冀、陕、豫四省。据各方调查，受灾最重者，当推湖北；该省70县中，有51县被灾，钟祥、天门、川汉各地人民，至今犹在水中。天门几至陆沉，淹毙人数，恐在十之六七。其次则为江西。该省83县中，有49县被灾。再次当为山东，该省有14县被灾，面积东西五百里，南北三百里。其他若安徽，亦有13县之多。河南、陕西、河北，各有数县不等。珠江流域，若广东省之三水、四会、南海、广宁、高明等县，亦均有水灾。钱塘江流域若浙江省之富阳、余镇等十余县，亦有成灾之势。现时各地淹毙人口，虽无确实统计，大抵当在二十万人；而被灾人口，则更达二千万之众。就事实观之，几有无水不为患，无地不成灾之势。现状不保，来日大难，危险情形，视民国十九年之西北旱灾，二十年之江淮水患，殆有过之而无不及。当此国家危急千钧一发之时，民族存亡之关键，不必外患之来袭，内忧之相煎，仅此水灾一端，即足促我国灭亡，制我民族死命而有余，此吾人不能不认为民族国家之最大危机，而有严重注意之必要者也。

　　夫天灾流行，国家代有；虽在敌方，犹思存恤。秦晋泛舟之役，于古播为美谈，矧吾人原处一域，休戚相关者乎？历史家韦伯尔，尝谓我民族之所以能凝聚团结繁衍广殖者，皆由防治洪水而起，征诸我国社会演进之现象，虽难遽信，然灌溉经济整调之攸关国计民生，似属毫无疑义。准此而论，则今日洪流之泛滥，吾人正宜发挥此历史的伟大力量，与自然争存，莫谓一人之力量，何济于此严重的普遍的灾害之挽救，灾来则惧，灾去则忘，此心理上之不能克服天灾也；只知小己，不顾大我，此行为上之不能战胜天灾也；且夏令多雨，江河水盛，固天时之常也，偶因淫雨不止，山洪暴发，致河水陡涨，淹没城市，犹可诿为天灾；今于四五年之间，屡受大水之灾害，只知临时张皇应付，平时鲜注意于经常之设备，直可谓之人祸矣。况农村经济，现因水灾而崩溃以后，社会之购买力，必因之而愈低，国内市场势必日趋狭窄，彼时我国民族工业之生机，又将遭受严重之打击。盖以农村人口之流亡，与社会失业之激增，是水灾之暴发，在客观上又无异于加增社会之威胁。由是而观，吾人应明白认识，今日灌溉经济之整调与夫救灾之刻不容缓，实为民族复兴之生存线，矧于国家兴亡匹夫有责之重大意义；每一中华民国之国民，均应抱先天下之忧而忧的精神，不苟且、不因循、不懈怠、不悲观、以主宰宇宙之自信，寄己溺己饥之同情，应不分朝野、不分职业、不分老幼，通力合作，筹积极之匡救。且此等赈灾工作，不当仅视为消极的慈善事，须援同舟共济之义。救灾即所以自救，防水亦即所以自防，未被灾之区与被灾之区，其缓急情形，为一尚可以资生，另一则已经绝粒，死生呼吸之际，不过先后之间而已。若一部分同胞在水中而不为之援助，如秦越人之视肥瘠，则不但外人之视察吾国者，将视为全民解体，且今日之为人灾害者，焉知明日不为我之灾害，皮之不存，毛将焉附。中华民族须求今后屹立于世界，四万万同胞团结互救，实为首要。牺牲小己，以全大我，尤为每一国民必须遵守之信条，故吾人今后是否已大彻大悟？民族之或兴或亡，国家之或盛或衰，全视救灾运动能否完成，为一大试金石也。

　　不特此也，就全国之治安而论，鲁省接近冀省，民气刚劲。该省近年以来，秩序安定，在黄河流域中，堪称完善。今此五百余万之饥民，如不善为处置，则冀省近本多匪，万一有人从中勾结，连成一气，非特鲁省历年抚绥之绩，毁于一旦，亦为华北隐忧。鄂省匪区，肃清未久，西境尚有伏莽；今岁被灾区域，闻棉产年值三千余万元之巨，食米外销，年达二百万包，令其流离失所，非但国家生产能力为之锐减，抑且授匪徒以勾引之资，可酿燎原之祸。故今日赈鲁西之饥民，使无失所，即所以安定黄河流域。时艰至此，宜具远猷，有未可以寻常持筹握算之眼光，应付此事矣。

关于防水救灾之方案，不外缓则治本与急则治标两种。就急则治标之一点而论，吾人与其作抽象的离题太远之检讨，毋宁就事言事，迅谋具体的对策，针对目前水灾之实况，综合治标之策，得有数端。

关于治标者：

（一）当局对于沿江沿河之驻军警察，宜全体动员，参加抢险工程，实行军民合作。（二）号召与组织灾区民众，分段设防，轮流抢险，实施联防联动，汛丁相互监督。（三）被灾各地，应即时减发政费，所有从政人员，均应按俸给比率，依等级扣薪助赈，俾使官民共同担负水灾之损害。（四）召集失业平民，征调灾区黎庶，强迫服役，以工代赈。（五）扩大救灾宣传，进行普遍募捐，并就若干消费与娱乐事业，代征急赈普捐。（六）对于淹毙之人畜，迅速打捞掩埋，以防传染疹疫，贻害社会。（七）减免灾区田赋，以苏民困。（八）监视放赈，务使灾民得受实惠，赈款不致虚糜。（九）保存灾区农民之耕牛、农具。（十）防止灾区奸商之垄断谷价。（十一）遏制灾区高利贷之活跃。（十二）检核灾区之土质，俾于水退之后，易种他种农产。（十三）劝募赈款人员，宜放弃历来抽象的呼吁、夸大的数字，而宜多列事实，诉之中外同情。（十四）不必以要价还价之形式，向政府提出不易办到之要求，而宜以脚踏实地之具体救济办法，宣示公众，求社会之援助。（十五）宜招致办赈有经验、社会有信用之人士，请往灾区查勘，代定赈济计划，即可利其信用发表报告，以征公众共信，又可资其经验，监督放赈，以坚社会信仰。（十六）募捐不可名目太多，多则人或疑为假名敛钱矣；不可繁苛，繁苛则近于勒捐矣；不可为人利用作宣传，一经利用，人或恐其非正当矣；募捐机关之人选宜慎，款项捐册之审核宜明，否则弊将丛生，信誉扫地。（十七）即时发行巨额水灾公债，集中巨款，从事于防水施赈。

关于治本者：

以言治本，更为重要。姑先就长江言之，江面阻碍太多，沙滩时起，河床渐高，水道日窄，一也。沿江居民，最好与水争地，围筑民圩，但顾目前，固填沙淤，只图私利，致令泄水之地日阻，容水之地日促，二也。洞庭、鄱阳等湖，素为长江调剂水流之所，近年亦因扩张湖田，面积日小，贮水量减，水无含蓄之处，益易促下游涝灾，三也。自以上三点研究，根本救治，自须测量全江，通饮计划。彻底疏浚藉令苦于财政，至少亦须清理旧道。恢复固有河身，将以前与水争地之许多滩田，酌令还之长江，俾得通畅水流，无复阻滞，此其一。择定湘赣山涧，多筑水坝，建造蓄水池，随时启闭，调节水量，此其二。考察沿江民圩，杖其利害轻重，若有妨碍，厉行制止，此其三。以上三种工作，非有相当之经费，充分之权力，公正执行，积极负责，难收实效，但欲求防止江灾，舍此更别无较简较速之办法。若如近年治江积习，于水害到来之时，一味加高堤岸，苟保一隅，而不知水高过岸，在在有洪流倒灌之险象。吾人诚知上述三种工作，殊非今日政府之力所能办，然试问三五年一次大灾，公私损失，不可数计，与其长受无代价之苦痛，何若勉为其难，早为治水根本之图。且凡事病在不办耳。万里之程，起于一步，锲而不舍，终能成功。如因畏难永久因循，何异自甘暴弃乎？

关于黄灾问题，李仪祉7月16日在京发表谈话，最得要领。略谓："本年鲁省黄河决口，主因为雨水过多，而河底淤高，乃其次焉者。又谓豫省堤防高厚，险工多改石工，防守较易，冀省堤身单薄，最易出险，鲁省工段绵长，河身窄狭，水流至此，逐渐抬高，而大堤未能依民国二十二年洪水位加高。本年紧急工程，将洙口至临濮间大堤加修，行将完工，而大水骤至，即遭溃决。当此大汛开始，水源畅旺之时，进堵困难，听其冲刷，势必扩大，恐有改道之虞。"依李氏表示，益征黄灾之来，正未可测。盖治标方法，有时而穷；根本治导，益不可缓。忆在前清管理河道，自河督以迄闸官，有一种特别组织，权限既专，责任亦重。凡沿河流域，无寸不有特设官吏，巡视考察，以谋预防。若发见淤塞时，立即疏浚，以免水流不畅，自创新道。若发觉堤防不固时，立即修补，以免伏汛暴涨，横决成灾。而沿河一带，凡有关水流者，地方官吏，莫不特别重视，有碍水流之建筑物或耕种，无不严令禁止。此种组织，盖以防灾较救灾为有效，与其待灾发而后救，曷若于灾未来而预防之。国家用于防灾之经费，其效用之大，恒百倍于救灾。前清自光绪以后，河防废弛，视若具文，酿成巨灾，无可补救。民国以来，河官尽废，在黄河流域者，仅设河务局，位微权小，何能设施？而地方官吏，对于河防，亦不甚留意，纵有意见，亦不过略具条陈，呈诸主管官厅，图卸责任而已。而中央对于水利问题，主管机关，叠床架屋，有权无责，有责无权，两相观望，等于废置。每年遇灾患迭起之时，各种会议，无不召集讨论，意见多于决议，决议多于实行。迨灾患既遇，则寂然无声，前之所议所决者，皆束之高阁，如此情形，岂可仅视为水灾已哉？近许世英氏有以六万万元经费疏浚黄河于十年内完成之提案。既有专家切实计划，一劳永逸，即用六十万万元之经费，亦须设法实行，何况为数仅六万万元哉？此其一。又黄河之大病，在于夹带泥沙太多，以致河身易于淤窄。此泥沙之来源，因黄河两岸，大都为黄土层构成，每一条道路，在晴天满布灰尘，一经阴雨，每条道路皆为泥浆。而此泥浆，即直接流入黄河，使黄河有极多之沉淀。黄河两岸各省之道路，不下千万条，竟成为黄河之泥浆制造所。倘欲黄河减少水害？此种害黄河之弊病，当先除去，而整个治黄河计划，尚属其次。因长此以往；黄河唯有日见其坏，日见其难治。如何除去此泥浆制造所乎，唯有修浚沟渠，使阴雨之时，道路上之泥浆，流入沟渠，不直接注入黄河。在农家捞起沟渠中之泥土，犹可以肥田，一举而有两利，又何乐而不为乎？此其二。

又急赈诚为应时之图，善后宜为永久之计，譬如有灾民二千万，在此二千万中，其曾受教育者若干？已达学龄之儿童若干？负有工事上之技能者若干？均当调查明晰，分别为之处置。其无可安插之剩余人员，正不妨利用之作进行治水之基本队？以赈款为资本，用灾民之劳力，从而谋疏浚工程之起点，创痛方殷，前事不忘，论时与力，均易收效。且以此号召于众，则赈款为有两重之意义，而解囊者亦必倍形其踊跃。

他如植林，大汛时可以防止水灾，亢旱时可以防止旱灾，已成普通常识，不必深论。至植林办法，则由中央督促各省政府，复由各省政府督促各县政府，无偿贷付树苗，广令人民于农忙以前种植，于人民既无直接负担，而各级政府为植林而支出之款项，亦可基于分散作用，不致多感拮据。

总之，我国目前经济状况，已不堪再敷衍、因循、畏难、苟安而一误再误，我国民经济力量，若日趋衰弱，则窥伺吾国之旁者，更增进展之机会，殷鉴未远，印象犹新，当此国势凌夷，内外交困之时，吾人原感处境之苦，唯事机迫切，亟盼举国上下，以大无畏之魄力，沉毅之英断，为国家百年计，为民族生存计，均应于艰难危殆中觅取彻底改造途径，于积习沉沉下，寻出振奋淬砺方法，则民族非不足自救，国事非不可为也！

企业家要为国家民族的利益着想

自从全面抗战以来，国内重要工业大部为敌人摧毁，我所办事业，当然也不能例外；但我们决不能因一时遭遇而气馁；我们要再接再厉。在艰苦奋斗的环境中，重建我们光明的前途。因此我行踪所至，在苏、浙、湘、鄂各省，曾作实地考察。同时与游过粤、桂、陕、甘、滇、贵的许多朋友晤谈，使我最乐观的，全国的精神已经团结一致，中央和各省又能深切认识战时经济各项必要条件，无时不在励精图治之中。

过去，中国社会带有浓厚的残余封建势力，而各省又不无地方观念。所以我们在内地创办工业，不免有些阻碍；这一方面使各种工业不能深入内地，形成工业与原料市场隔离，无法突破殖民地性的工业范畴，把民族经济的基础建立起来。另一方面使工业生产局促在几个通都大邑，非但工业原料多由国外输入，把国产农村生产品，滞积起来；且一遇暴力侵略，即陷于不可收拾之境。回溯旧事，实在痛心。

新局势之到来，是建筑于新的物质条件之上；换言之，我们这次虽遭受暴敌摧残，但事实上不啻为我们造成新工业生产合理化的条件。第一，不容许我们再集中工业于几个通都大邑；第二，各省过去那种地方观念之消除；第三，各省因从前工业生产缺如，一旦遭遇非常时期，社会经济莫不险象环生，大家不约而同，欢迎我们企业家去直接投资，为他们建设内地工业生产事业；第四，因战争影响，内地工业品到货寥寥，与需要的胃口相差太巨，致工业品价格飞涨，亟待设厂调剂，出品因此易于畅销；第五，因各省努力整饬吏治，虽偏僻之地，治安已非常良好。这种情形，由于我这次和从上海组织的西南实业考察团几位重要团员谈话之下，加以更明确地证实了。

我想我们的事业，经过此番浩劫，虽已毁去十之八九，但是我们的精神，我们的信用，我们的经验，不独没有丝毫消失，且更加紧张起来。惩前毖后，今日各方面的条件，既都十分适宜我们来重振旗鼓，我们企业家，乘此良机，何不亟图奋起。

这是从我们企业家本身的利益而论；另外我们企业家更须放大眼光，再从国家民族的立场上着想：现在中国对日抗战，只有持久战，才能得到最后的胜利。怎样可以持久作战呢？那最重要的是增加后方生产，建立内地经济国防。工业生产，占最重要地位。第一，工业生产品能畅供内地国民需要，免使金钱外溢。第二，不陷过去工业生产多借外国原料的覆辙，使工业与原料市场密接，以流畅农产品，而繁农村经济。我们企业家，如能一致奋起，直接是寻求自己的出路，复兴事业。间接是有利民生，兼可充实抗战的经济力量，使军事资源能供给不匮。因此我们需要从速动员，努力把战时后方增加工业生产的责任负起，去适应军事的步骤，为中华民族争取生存。

目下未沦陷各省，各方面环境，既都非常适合展开我们的事业；这些地方，又都蕴藏着丰富的原料，适宜的动力资源，和广大的国民购买力，实在供给我们企业家发展的机会太多。今就工业资源而论，未沦陷各省皆有煤矿，尤以四川、湖南、云南的煤矿最多。铁的产量，自汉口东沿长江一带，为中国产铁最富之区，湖南、贵州各省亦遍地蕴藏。云南的锡、铜、锌；湖南的锑，江西的钨、汞；广西的锰；贵州的水银，均为中国主要工业金属产地，著闻世界（参看卡赞宁著《中国经济地理》）。其他如棉、麻、植物油、茶、丝等产量均富，惜都因战事影响，货滞于途，亟待利用。

至于动力资源，除各省拥有广大的人力外，在云、贵、川、湘、粤、桂六省，煤动力蕴藏量，估计有6886229760000基罗华特。石油动力蕴藏量，估计有203696250000基罗华特。水动力蕴藏量估计有91014200000基罗华特（参见张国瑞著《西南工业建设的动力问题》）。更有源源不绝的植物油，产量可供各种机器之用。

不过所要注意的，我们如此大规模地来创办某种工业，非但困难太多，而且需要长期的经营，大资本的集中，都非今日战时环境所宜。现在后方所需要的工业（军需工业除外），我认为有六个主要原则：（一）能普遍散布于内地各城市者；（二）能就近利用各地滞积原料足可繁荣农村经济者；（三）能尽量利用各地人力劳动生产者；（四）生产品极合乎大众需要，易于畅销者；（五）生产品可抵去一部分漏卮者；（六）能轻易举办出品迅速者。

我们如欲不致虚糜财力，而确切适合于建设战时后方经济国防，且有利可图者，唯有决定从创办内地小工业着手。

因此我极希望我们企业家，各就本身经验能力，采取上述原则，分别在后方各城市，去创办各种小工业制造厂。

同时我们创办小工业制造厂，因为需要普遍于内地城市，达到小工业网的完成，对于小工业生产工具的机器，须有大量的供给准备。目下各铁工厂，虽有少数迁至内地，实不敷内地普遍的分配。因此对于经营铁工厂有经验者，须迅速尽量向内地分区设立小铁工厂，专门制造各种国产燃料的动力机器，翻砂间用的炉子，机器间用的车床、钻床、刨床等母机。尤应分别区域人口及小工业制造厂的分布情形，使每一分区，须有一个翻砂间及机器间，使小工业有随时发展的机会。

最后关于资本方面，我们应知银行存款，乃是一种呆滞资金，失去经济上的意义。尤其外行的国人存款，更为不智之甚，利息既渺乎其微，而当此国家民族存亡续绝之秋，有待于有钱者出钱之际，大家不可只求坐拥巨资，置自身及子孙为亡国奴之罪于不顾。况且如将这些呆滞资金，投入小工业生产事业，不独于国家民族有益，而于自己亦有利可图。

现在各省既竭诚欢迎我们企业家直接投资，那对于有关小工业生产事业的投资、原料、运输、产销、安全等，自然予以最大的便利和保障。这真是我们企业家发展事业，报效国家的千载一时之机会，我以万分的热忱，希望我们企业家不要轻易放过。

从被动的战略到自动的战略

我国抗日战争，是一种持久的艰苦的长期战争。这一个根本前提，我们必须认识清楚。认识清楚，便不会动摇，动摇的，便因为没有认识清楚。

我为什么要这样说？因为我军自动地积极地有计划地退出武汉以后，有些人又动摇起来了。不知这一种撤退，是一种战略的撤退，是自动的，不是被动的，是积极的，不是消极的，是有计划的，而不是无计划的。这样的战略的撤退，实在是对于最后胜利又前进了一步，使敌人要毁灭我军的主力的奸计又大大地失败了。这在我们国民，不但不应该消极，而且应该更积极，不但不应该悲观，而且应该更乐观，不但不应该动摇，而且应该更坚决。

但是有些人不认识这些真理，在广州失陷时，已经发生恐慌，在武汉撤退时，自然更恐慌得不得了，这不但在自身心理上发生动摇，而且足以影响对于抗战前途没有认识清楚的人其也不免要动摇起来，因此实在有加以说明的必要。

我们要坚定我们的信心，我们要使动摇的人们相信最后胜利必属于我们，相信抗战必胜建国必成，不必旁征博引，只要把上海和徐州两大战役的后果一比较便可以明白了。上海战役，虽然艰苦支持了三个月，但我军已打得精疲力竭，到了真正不能再支持而撤退，再也不能把精力迅速地恢复起来。因而在苏嘉线虽然建筑有极坚固的防御工程，也缺乏兵力可守。因此不但苏嘉很快地失陷，即京杭也很快地随着失陷了。我们必须认识清楚苏嘉、京杭这样快的失陷，并不在失陷之日才决定这几个城市的命运，在上海我军被动撤退之日已经无形地决定了。

再看徐州的撤退便完全不同了。我们鉴于上海我军被动撤退的危险，因此在徐州战役上尽了消耗敌人的任务以后，便自动地有计划地撤退了。这样，在徐州大战役以后，我们的主力依然很坚强，敌人希望在徐州大会战中消灭我军主力的阴谋便完全失败了。因此在徐州战役以后，我们能够继续坚强作战，继续打击敌人，消耗敌人，和上海战役的精疲力竭，非经过整理休息，不能继续作战，便完全不同了。

老实说，我军被动退出上海的时候，真是我们在抗战中所遇到的最大危机！在那时，我军的主力，已经在上海牺牲了很大的数量，而在后方训练的新兵，还没有完成，真正可以说是一个青黄不接的时候！幸而天助中国，敌人占领了南京以后，得意忘形，大肆庆祝，耽搁了三四个星期，使我们得到一个喘息整理的机会。从此以后，我们便抓住自动作战这个主要条件，使敌人永不能再征服中国！

我们再将武汉大会战和徐州大会战比较一下，更可显出更大的进步。我们很巧妙地运用战略，使敌人永远不能毁灭我们的主力。在徐州撤退时，我军的确已经陷在敌人的大包围中，不过因为敌人的兵力不足，不能紧密包围，在包围线上，不无空隙，我们的大军便很巧妙地很机警地从敌人的大包围中突围而出，这真是一件大大的奇迹！但是武汉大会战便不同了。我们虽在内线作战。但五个月来的战事，完全在武汉的外围，使敌人东奔西突，处处碰壁，不但使敌人不能消灭我们的主力，而且一处一处把敌人的力量局部消灭！在长江战役中，敌人的兵力死伤了四十万，而我们的主力依然无恙。

请看，这是多大的进步！我们对战事，不断在改进中，使得敌人手忙脚乱！徐州战役，比上海战役进步。武汉战役，比徐州战役更进步。现在战事还在武汉外围，而我们又自动地积极地有计划地撤退了。使得敌人又扑一个空！使得敌人要毁灭我军主力的阴谋又大大失败！现在我们的作战能力，比较退出时更坚强；使敌人愈深入，便和敌人的最后失败愈接近，而我们又向最后胜利，前进了一步！

本来我们是一个弱国，我们极愿意保守和平。我们不到最后关头，决不轻言牺牲，我们的领袖早已经昭示我们了。但我们的敌人，贪得无厌，侵占了我们的东北四省，又要侵占华北，在卢沟桥事变后，又进攻上海，威逼我们的首都，好像横行无忌的强盗，对着良懦畏事的我们招招进攻和掠夺，使得我们忍无可忍，让无可让，不得已起而抵抗。在这样的情形下，试问被侵略的我们，除了对敌人抗战到底，把敌人驱逐出境外，还有其他的妥洽可能吗？中途妥洽，便是灭亡，我们的领袖早已昭示我们了。

本来我们是个弱国，我们决不能在极短时期中，战胜一个帝国主义一等强国，那些速胜论者本来是做梦！同时我们必须认识清楚敌人的弱点，经济薄弱，资源缺乏，兵力短少，不能久持，而我们的优点，经济稳固，资源丰富，兵力众多，可以持久，那些必亡论者，也是做梦！现在经过了一年四个月的艰苦战争，我们的战斗力，愈战愈强，我们的战略，愈战愈巧妙，我们的自信力，愈战愈坚固，我们的最后胜利，愈战愈接近。而敌人原来计划四个师团三个月时间完全征服中国的阴谋已完全失败，在这一次从武汉战略地撤退以后，更可以证明我们的胜利更有把握。我们的抗战，本来是一种持久的艰苦的长期战争，我们只有把握住抗战必胜，建国必成这个信念，勇猛前进，这是我们中华民族的唯一生路，我们只有更坚固地团结起来，向着胜利的路途前进。

（原载1938年11月第188期《国讯》）

加强我们抗战必胜的信念

自从广州失陷武汉撤退以来，很大一部分人因恐慌而动摇。一个人的动摇不要紧，但一个人的动摇必然要影响到许多认识不清楚的人，却不能不公开地加以说服。

我们对于战事的估计，往往容易过于乐观或过于悲观，其原因在于认识不正确。譬如说，在台儿庄大捷以后，就有人以为战事已经转机，我们已经可以改守势为攻势，把敌人驱逐出去，这未免太乐观了。试想一想，敌人是一个著名的帝国主义强国，处心积虑要吞并中国已经准备了四五十年，不论海、陆、空军都比我们强过几倍，仅仅在台儿庄打了一次败仗，便断定它已经趋向于全体溃败了，这未免太缺乏常识了！

同样在广州失陷武汉撤退以后，就有人以为是失败了，除了向敌人"屈膝"投降，已没有别的办法，那又未免太过于悲观！殊不知中国对敌抗战，在最早开始的时候，我们的最高统帅早已决定这是一个"持久抗战，全面战争，争取自动"的战争。这一次广州失陷得这样快，守土者当然应该负一部分责任；但武汉的撤退的确是"争取自动"最好的战略。本来在武汉未撤退时，我们在敌人大包围形势之下，而撤退以后，则敌人反在我们大包围形势之下。倘然因此反而惊慌失措，这又未免太缺乏常识了。

总而言之，太乐观，太悲观，都由于认识不清楚。最要紧一点，在于认识我们的敌人不清楚。有的时候，把敌人的力量估计得太高，就不免太悲观；有的时候，把敌人的力量估计得太低，就不免太乐观，这都是错误的！因悲观而失望动摇，固然不好，因乐观不能迅速实现而失望动摇，同样不好。因此我们要不失望不动摇必须先认识清楚我们的敌人。

我们的敌人是怎样的一个敌人？第一，我们应得承认敌人在武力上的确占优势。因为敌人在武力上的确占优势，所以我们不能奢望在很短的时间内把敌人驱逐出境，因此抗战一开始便已先天地决定了这一个持久战。第二，我们应得承认敌人在财政经济上比较的占劣势，但并不是说它在很短时间内便会崩溃，因此我们必须把战事尽力延长，把"空间换取时间"，因此这是一个全面战争，同时也是一个持久战。第三，我们应得承认敌人的阴谋是相当毒辣的。敌人知道自身在武力上占优势，在财政经济上比较占劣势，因此决定采取"速战速决"和"消灭中国主力"的毒辣的战略。在敌人地位上采取这样战略是对于敌人最有利的。敌人最有利的战略便是最有害于我们的战略！因此我们要打破敌人的毒辣战略，必然要采取"持久战争""保存我们主力""争取自动"的战略。

我们的国民只要认识清楚了上面所说的简单明白的事实，便可以了解这一次的战争为什么必然是"持久抗战，全面战争，争取自动"的战争；便可以做到"逢胜不骄，遇败不馁"；便可以沉着应战，不太乐观，不太悲观，不失望、不动摇，坚忍地继续抗战到最后的胜利。

现在问题又来了：敌人在武力上占优势，可以不必多说，问题在于敌人财政经济上比较劣势是不是正确呢？因为很早就有人说敌人财政经济很快要崩溃了，到现在战争已经十六个月，敌人还是取攻势，而它的财政经济却还没有崩溃，不能不使人发生怀疑！要解答这一个疑问，必须要拿出真凭实据来。

先要再提一句，就是上面所说"敌人在财政经济上比较占劣势，但并不是说它在很短时间内便会崩溃"。过去有许多人幻想敌人的财政经济好像雪狮子向火，一会儿就会崩溃的，怪不得要失望了。

闲话少说，现在要问，"敌人在财政经济上比较占劣势"，究竟有没有可靠的真凭实据呢？

请看敌人自己的数字吧。

第一，敌人财政预算上的非常膨胀，是一件千真万确的事实。敌人在1931年，就是九一八事变爆发这一年，全国经常支出不过146000万元，内军费45000万元。但因为九一八事变以后逐年军费膨胀，到1936年全国经常支出已增至228000万元，内军费105800万元，1937年，就是七七事变爆发的一年，全国经常支出连三次补充在内剧增至298100万元，内军费141200万元，外加临时军费（即侵华军费）253500万元，经常临时合计为551700万元。1938年，就是爆发战争的第二年，全国经常支出连三次补充在内又增至351400万元，内军费124800万元，外加临时军费485000万元，经常临时合计达836400万元。1937年和1938年两年合计为1388200万元，内军费经常临时合计为1004500万元。敌人全国人口只有7000万，在1931年每人平均负担20元，1937年增至每人平均负担78元，1938年约为120元，其困难自可不言而喻了。

第二，敌人内国公债的非常膨胀，也是一件千真万确的事实。敌人在九一八事变以前，内国公债统额只有60亿元。自从九一八事变以后，军费剧增，预算不敷，不得不增发赤字公债以为弥补，到1937年3月底，总额已达100亿元。我们应该记得敌人前财政大臣高桥一句名言，就是敌人的内国公债以100亿元为顶点，超过了这个顶点便有危险。高桥是敌人财政界元老，以八十余岁高龄任财政大臣，曾竭力抑制军财的膨胀而为军部所杀。现在1937年和1938年两年发公债约90亿元，到1939年3月底公债总额192亿元，本年国债利息已需11亿余元，财政上的危险也可想而知了。

第三，敌人资源的缺乏也是一件千真万确的事实。根据A1-solses研究，近代国家生存有25种物资是绝对必需的，而敌人只有3种可以自给，其余大部分都靠外国的输入。根据1936年需原料的输入，依赖外国的百分比如下：

橡皮100.00，棉花99.90，羊毛99.80，水银96.80，铅93.30，石油80.10，锑54.50，锡52.90，亚铅52.80，铁矿52.30，铜36.50。

因此敌人的公债即使全数发出而收入的纸币，只能购买本国的原料。因为本国的物资缺乏，不能不买外国军火及原料。要买外国的军火及原料，就非输出现金不可。

第四，敌人的现金已输出四分之三以上，也是一件千真万确的事实。开战以前敌人现金准备有164700万元。到现在为止，敌人现金输出已停止公布。但根据美国报告：敌人现金自去年至今输入美国共值35280万美元，以28美元合一百日元计算，合126000万日元。输入英国者，尚不在内。据敌人自己说，还有现金准备50100万元，照外人估计已不足此数。即使确有50100万元，今后能支持多久，亦显而易见了。

第五，敌人国际收支无法平衡也是一件千真万确的事实。平衡国际收支，只有两个办法，不是输出货物，就是输出现金。本来国际收支不敷的时候，还可以借外债，例如从前日俄战争的时候，敌人共用军费15亿元，大半借自英国。但七七事变后，敌人孤立，无分文外债借入，确系事实。而对外贸易又入超（1937年至1938年六个月入超总数约9亿元），故不得不输出现金。而现金有限，需用外国军火及原料，又为数极巨。一旦现金用完，无法支持，这就是敌人财政经济上的致命伤了。

因此敌人限制非军用品原料输入，非常严厉，以减少外汇的用途，结果各工厂因为缺乏原料而停止工作者，占50％。因为各工厂停止一半工作，出品减少，及各国民众抵制日货，输出更减少。因此国际收支，更形不敷。

敌人财政经济上窘况，已略如上述。现在的问题，就是敌人还能支持多久？据我们所知，敌人的公债，虽然想尽方法，但还有很大一部分没有发。现在用的军火，还是靠过去几年的积蓄，但预料已经无多。敌人最近向华南、华北、华中猛力进攻，乃是一种不得已的挣扎。敌人明年度的预算，必须提交国会。本年度预算在国会中讨论时已引起极大非难，经军部于正式保证战事必能在本年内得胜利，预算虽巨，未必用完，才勉强通过。现在势必再提出数十亿元的大预算，民力固然不胜担负，而怎样对付国会？也大是问题。因此敌人抓住英国外交态度的软弱而冒险进攻华南，同时在华北华中也拼命进攻。但据11月8日时事新报航空通信，敌人自9月中集中六万大兵向五台山五路进攻，到10月18日以后，我军反守为攻，节节胜利，已消灭敌人二万余人，敌人已无反攻能力，而华中战事，仅蒲圻一处，亦消灭敌人一万三千余人，其他数百数千不等。可见敌人虽然凶狠，希图在短时间内获得胜利，以便应付国会。而我们早已窥破了敌人的奸计，无论如何，必须保全主力，争取自动，使敌人"速战速决"的阴谋完全失败。

但还有人说，敌人占据武汉以后，长江可以通航，敌人可以利用在我国掠夺所得的财物，以作继续作战的军费。但不知敌人占据地点，仅属一点一线，而且并不安定。因为战区居民有旅费者，均已逃避，留居战区者，均系缺乏购买力之贫民；而且我方正规军游击队布满各地，内地生产品，不准运至战区，即使有少许运出，为数极微，不足以供给大量需要。我们必须记得敌人占据我东北四省，而投下15亿元资本，尚且未能有大量供给，足以补充敌人军费之一部分，华北亦然。何况新占据之长江流域，一片荒凉，即使稍稍清理，已属费力，更不论于利用！敌人殷切希望妥洽，其原因即在于此。妥洽以后，敌人可以得到一个休息整理机会，将掠夺所得土地资源，慢慢可以经营消化。而我们坚决拒绝妥洽投降，其原因亦在此，使敌人得不到一个休息整理和经营消化的机会，眼看着丰富资源不能利用。

现在一切事实都已很明白了，中日战争的胜败的决定，完全是持久力的比赛。正好像长距离赛跑一样，在比赛的过程中，暂时先先后后，都不是最后的决定。谁的力最长，准能最持久。就可以得到最后的胜利。因此我们做国民的只有以全力拥护最高领袖的"持久战斗，全面战争，争取自动"的最正确的战略，不失望，不动摇，坚持继续抗战以达到驱逐敌人退出我国这个目的。

智利某报记者论中日战争有几句警句，他说："战事开始时，日本占胜利四分之三；战事延长至一年，中国占胜利百分之三十；战事延长至一年以上，中国可占胜利百分之六十。"越持久，我们得到胜利的成分越多，现在战事已一年四个月，只要我们坚决继续抗战，最后胜利一定是我们的。

（原载1938年11月第189、190期《国讯》）

第 四 章

衣被天下：将身自致青云远，有德能忘浊世贤

先生一生事业　盖无不恃自身力量而成

黄炎培

　　我与藕初先生从二十岁左右订交，至今四十余年，先生或出或处一切事功，我几无一不参与，今无暇详叙，仅就先生为人特异者若干点略述如下：先生一生事业，盖无不恃自身力量，苦干猛进而成。早年学习商业，若非立志上进，入夜馆苦读英文，终其身不过一商人而已。其后考入海关，同时入沪南体育会，习体操，为队长。海关关员终身职，若无远志，则终其身为关员，未尝不可循序上进，但先生志趣高远，因投身社会，声誉卓著之故，被聘为最著名师范学校之学监，又被聘为唯一民营铁路（即后来京沪沪杭路）公司铁路警务长。而先生犹以为未足，承其夫人卖却首饰，赠充学费，遂赴美留学。时先生年事已长，在留美学界，被称为三老中之一老，终以苦学获得学位以归，然并未专习纺织也。归未久，而欧战了，中国幼稚期之棉纺织工业，接受至急迫之时代要求，而大动企业家之兴趣。先生则遂由农而转入纺织。出其苦心毅力，研究机械图样，研究工场管理，而亲身执役，为同时侪辈所望尘莫及。其时先与乃兄恕再先生合创德大纺织厂，继乃受若干企业家之聘约，陆续创建，最后乃手创规模更大之豫丰纺织厂于郑州。其时先生乃如苏季子之身佩六国相印，卓然为纺织工业专家。而先生进取之心未已，复手创上海纱布交易所，中华劝工银行。同时仍经营棉种试验场。其物由棉而纱而布，其事由农而工而商而金融，其地由海疆而中州，行将进规西北。苟无战事为之梗阻，与年寿为之制限，直不知其事业之所底止。至先生之服官从政，实非其志趣所在。此则非识先生较深者不能知也。抗战既作，先生自上海冒绝大艰险以来后方，与余朝夕相处，对战后复兴纺织工业，抱有完密而伟大之计划，专待战事结束，立即发动。至现时服务于农产促进会与农本局，诚亦发于赤心为国，效忠抗战之热忱；然先生认为以其专家专业之立场，为效忠建国计，他日贡献，尚须有大于此者，而不意一病不起，读"出师未捷身先死，长使英雄泪满襟"之句，先生其有遗憾矣。先生一度督修吴淞口抵松江间海塘工程，恃其致力之勤，工坚而费转省。其猛进之精神，随处表现。其修学美国伊利诺伊大学也，于实习农事特勤，喂乌豆，钉马蹄，无不身亲其役。余以一九一五年游伊利诺伊，先生离校既二年矣，同学犹盛道先生以老学生而习勤乃若此。中年忽爱好昆曲，师事昆曲名家，收藏曲谱多种，朝夕习奏，即卓然成家。乃以起衰救敝自任，捐资立社传习，至今昆曲界犹多先生门弟子。先生且抱笏登场，播为一时佳话矣。公余，亦尝畜金鱼，则收集关于金鱼书籍，穷其种类，究其畜养之方，游其庭园，鱼缸以百数，莫不叹为观止。最近数年，乃学为诗，遍读名家诗集，摹拟推敲，遇友好之能诗者，虚心求益，以其流亡入蜀，与少陵放翁身世相类，乃仿为两近家诗，先近体，后古风，进步之猛可惊也。余尝戏语先生，君之多能，由于君之多欲，而其有触必入，有入必深，苟非限于天年，其所穷治，殆无一不可以名家者。当先生事业最辉煌，经济最宽裕时，对社会事业，未尝滥施资助，而独被发见为意义远大，虽未着效绩，或并未为时人见重，先生辄奋全力为之倡，如是者不可以数计。我国尝两度公推国民代表赴欧美，其一华盛顿会议，又其一则为庚子赔款退还运动，而皆有所成就以归。此类事先生每乐助其成，虽斥巨资，非所惜也。又尝斥巨资选送北京大学高才生出国留学，今学成以归，负重望于朝野者若干人，先生从不暴其事于人前，而人亦不尽知水源之所自，真所谓公子有德于人愿公子忘之矣。余交先生深且久，聊举一二，未足当其美行之什一也。追悼会之日，成诗一首，录如下。

琐尾相携忍息肩，一生一死两苍巅。

将身自致青云远，有德能忘浊世贤。

合坐笙歌常醉客，万家衣被不知年。

巴窗凄雨弥留际，捷报遥闻尚莞然。

（原载1943年10月6日第3版重庆《新华日报》）

与穆藕初先生的一面之缘

陆　诒

穆先生是我们家乡的一位长者，他的两位侄儿，还是我中学时代的同学。对他作长者的称谓，在我，是更名副其实。我和穆先生，仅有一面之缘，但就是这一次，已给予我难以泯灭的印象。

那是在一二八淞沪战役之后，穆先生在上海半淞园，举办一次斗黄头鸟的赛会，骤看起来，好像这只是一种正当娱乐的提倡而已。其实，从当时的环境，以及赛会缘起的文字上看，这一种举动，实有深远的意义。

此刻，我手头已没有那篇缘起的原文，也没有当时的上海旧报纸，以供查考。但是我还清楚地记得，那一天穆先生在比赛之前，曾作一次很动人的演说。他说："斗黄头，是我们家乡的一种民间娱乐。现在我们重新来提倡这种古旧的娱乐，乃是希望大家在此国难日深的时候，应当摒弃赌博、烟酒、跳舞等不良嗜好，学习黄头鸟的合群、团结和战斗精神，以共赴国难。这次比赛，胜的败的，都可以获得奖品，没有赌博的意味在内。只是希望你们看一看这种鸟类，当两者交锋的时候，拼命战斗，绝不中途妥协，更不会见了对方气势稍壮，而就退缩不前，喊'不抵抗'。看了鸟，还应该再来反省反省自己。"

七七事变爆发，先生丢弃了在上海的事业和产业，跑到内地来，参加抗战工作，为国效劳。他真是一位"言必信，行必果"的实践者！在汉口，在重庆，经历了敌人残暴的轰炸。

但是穆先生始终坚信抗战必胜，暴敌必然败覆。他时常勉励同事，要刻苦奋斗，抗建大业，才能苦尽甘来。他自己从抗战以来，一直穿着破旧的衣服，从未添置一件新衣。生活起居，自奉甚俭。有的朋友劝他：衣服破了，应想法添置，他总是笑着说："等抗战胜利，再添置也不迟。"

先生留学美国时，学的是农科，特别对改良植棉，深有研究。他一生的事业，始终不离开棉花和纱布，从未好高骛远，做他本行以外的事情。这种专于事业，锲而不舍的精神，真是值得我们青年人所效法的。

记得民国四年的时候，穆先生曾经写过一本《改良植棉浅说》，用最通俗，最浅近的文字，向农民解释怎样来改进植棉的方法。这一本小册子，至今还流传在上海近郊的乡间。他不仅著书写作，而且还自己动手来实行。在上海引翔港，曾开辟了一片穆氏植棉试验场，种出品质优良的棉花，来做改良植棉的模范。

他虽然做了中国著名的实业家，但仍然不忘记栽培后进的人才。譬如，东南大学的农科，他曾竭力资助，创立农具院，并赞助中华职业教育社，为中国农工商界培植许多优秀的人才。这般人才，正是今天进行抗建大业中的栋梁。抗战以来，他与农业专家乔启明先生，领导农产促进委员会，努力于全国农业增产的工作，成绩卓著。后来，出长农本局，更多建树。

中国虽号称以农立国，但民国以来，对于农业的改善，并不十分重视。穆先生常以"读了书不种田，种田的不读书"为忧，所以一向提倡"种田要读书，读书仍种田"。一面使农业的科学理论与实践相接近，一面则帮助培植人才，以改造中国的农业。民国十八年成立的中央农业实验所，穆先生亦曾予以极多的帮助。记得不久前，农林部沈部长在参政会上的报告，曾经提及农林人才之缺乏，深以为忧。他说：全国农科大学的毕业生仅六千五百人，中等农业学校的毕业生，为一万八千人。所谓农科大学的毕业生，其中还是以金陵大学与东南大学的农科生占多数。想到中国幅员之广，荒地之多，以及将来建国工程之艰巨，我们更深感穆先生去世得太早了！

是非黑白，最怕参证对照。一个人的功过得失，也只要同另外一些人来相互比较。民国以来，中国的实业家很多，甚至经营纱厂的人，也不只穆先生一人。但是有几人能像穆先生那样公正廉明，效忠国家，造福社会？有几个人能像穆先生那样谋事之忠，知人之明，肯为国家栽培后进的人才？

穆先生虽然不及目睹凯旋之师，奠定东南，重返家乡的产棉区域。但是他的精神，将永垂不朽！他的毕生奋斗史绩，将鼓励人们，继起努力，以完成未竟之志！

（原载1943年10月6日第3版重庆《新华日报》）

悼念穆藕初先生

乔启明

穆藕初先生的逝世，是国家的损失，是社会的损失，是棉业界的损失，是本会的损失，亦是个人的一大损失。追念丰仪，景怀遗泽，公私哀痛，怆悼无已！

先生一生，于困苦中劬学力行，奋斗成功。多年来开创实业，促进生产，忠诚谋国，厥功至伟。抗战军兴，舍家弃业，不辞跋涉。随政府西迁。居恒对国家民族前途，始终乐观，坚信抗战必胜，建国必成；凡所以有利于国族之事业，而为人所忽视者，莫不多方赞助，悉力支持。临危前夕，犹念念不忘国事，索阅报纸，纵谈世界形势归趋，精神振奕。自聆领袖膺选主席，尤不胜快慰之情。其于社会事业，亦极热心，而不好虚名，不随俗议。譬如提掖后进，作育青年，以私人力量，协助国家培植人才，贡献虽多，然向不为人道之。

先生志在棉业之发展，一生尽瘁于斯。早年提倡棉业试验场，研究我国棉业之改良，自开风气之先。进而创办纱厂，经营纺织，又倡导科学管理法。著书立说，实际试行，卓见成效，为吾国棉业界新式工业之楷模。更进而创办纱布交易所，蔚成全国棉业贸易之中心。其于国家棉业发展，苦心孤诣，处处表现其远虑深猷。抗战以后，沿海工业基础，泰半俱毁，棉纱工业，损失尤多，后方纱布供给，一时呈现恐慌。先生因应时需，研究各种土制手工纺纱机，精心改造，成功制造出"七七纺纱机"，推广全国，备受农民欢迎，得以补助后方棉纱之不足，同时对农村副业之提倡，与农村经济之繁荣，农民生活之改善，裨益亦大。此乃先生近年对抗战生产的伟大贡献之一。逝世之前，缠绵床褥，犹对战后棉业建设计划，研究设计，未尝稍懈，自信对战后国家棉建设施，必有大建树，而天不假年，竟致赍志以殁，宁非棉业界之无穷遗憾！

本会自筹备时起，即由先生主持，当时信念，以为增厚长期抗战的经济力量，必须下最大的努力和决心，来促进农业生产。本会成立，即在以技术人才和经济力量，来帮助各地的农业改进机关及有关农业团体，去进行促进农业生产的工作。先生领导会方同人，实践此项任务，时以撙节公款，办事敏捷，以及费用小而收效迅速宏大之原则，谆谆指示。历年以来，全力于各省农业推广机构的健全树立，增产设施的多方促进，与夫"七七纺纱机"之普遍推行。先生之志，固犹不止此，因于民国三十年元旦，本其多年研究体验之心得，发表其对于将来之农业的理想与期待。现会方事业日见扩大，工作责任，愈见艰重，正赖领导扶持，而竟归道山，实在离开得太早了。

就个人言，先生之逝，顿失一良师益友。衷心追仰，尤不胜其悲痛。忆与识交之始，是在先生任工商部次长时代，最初曾同在卜凯教授寓所共餐两次，相与谈中国社会演变及农业问题。民国二十七年，自蓉飞汉，应邹秉文先生邀约，商讨贸易委员会调查各省特产生产成本工作，便往谒谈，时农产促进委员会已经成立，彼此对农业前途看法，多有同感。而我在飞汉前夕，原曾草拟过一个自省县至乡村的一套整个农业建设促进计划办法，先生亦已看到，复示赞许。当时似因旅途辛苦，身体不免劳顿，承界以四川推广联络专员名义，托于返川后为会方做点事业。嗣会址迁渝，先生召开有关农业界人士开会，研讨工作，因而拟订《全国农业推广实施计划纲要》，为今后事业推动之准绳。在开会讨论之时，如对于农业下层机构，有主张采取学校方式，有主张以合作社，我是认为利用农会为适当的。先生斟酌考虑后，则赞同后者。我因教务回蓉，复蒙坚嘱兼任本会技术组主任，固辞不获。至今回顾，瞬逾五年。五年来，追随左右，备亲教益，先生做人立业，其大者显者，人多知之；而私淑先生之伟大处，则莫过于处世以公，待人以诚。其对同人，则信任专一不疑，使人放心做去，盖随其做事，如坐春风，时感便利。本会补助各省农业改进机关各种经费，其数甚微，而一经核定，就立刻汇出，故可及时应用。这是办事快捷的一证。先生对公物公事，一丝不苟，其平常私信往还，向不用公家信封邮票，其撙节公款，廉洁自持，有如是者。做人方面，平易豪爽，音容笑貌，动人极深。处世则向抱乐观，而毅力特强，从不畏难灰心。平常于身体之健康，珍摄锻炼，亦多注意。尝自与语，可活八十八岁。何期竟染不治之疾，中道殂谢，不克展其更大之才抱，真是国家社会的不幸。今先生逝矣！追怀生平，感念万千。只有继续遗志，益求奋勉。胜利在望，更唯以国家之中兴，社会之进步，与夫棉业建设之突飞猛进，以慰在天之灵。本会为先生手植而成，现基础渐立，各项工作计划为所擘画者，亦已勉见成效；此后益当不负期许，为农业，为农民，尽其最大之努力，则先生一生精神之所贯注者，将垂永久而不朽矣！

（原载第5卷第11期《农业推广通讯》）

追悼穆藕初先生

孙恩麟

读报，惊悉穆藕初先生于月之十九日逝世陪都，老成凋谢，国丧元良，噩耗传来，曷胜悲悼！

先生名湘玥，字藕初，上海浦东人，清末年，远渡游美，就学于Texas大学农科，初四年，主修植棉，其后复专攻纺织，凡一载有半，鼎革后归国，专力倡导实务，阐扬农学。

先生在沪豫诸地，曾先后主办大规模之新型纱厂多处，北伐时，日寇毒施经济侵略，企图破坏我国之纱业，摧残我国之棉产，因有上海花纱布取引所之设立，冀遂其阴谋诡计，先生目睹时艰，奋起急呼，力排众难，联络沪地各厂家，组织上海华商纱厂联合会并主办华商纱布交易所，与该"取引所"相对抗衡，至是江南纱业，得以继续发展，基础稳固，而未如华北纺纱工业之相继沦于敌乎，故时人咸称先生为"抗日先锋军"，非过誉也。民国十六年，国府建部南京，先生出任工商部次长职，襄助中枢，策划良多。

先生自归国后，虽辄以企业家之地位，从事工商实业，然亦尝借工商之力量，促进新农业之改进，而于植棉事业之建树，厥功尤伟。忆先生任上海华商纱厂联合会植棉委员会主委时，因鉴于外纱之垄断市场，华纱一落千丈。尝思振兴之道，乃利用华商纱厂联合会之经济关系，先后与东南大学农科及中央大学农学院密切合作改良棉种，推广植棉，支拨专款，为期达六七年。迨后政府复有棉业统制会之创立，主持全国棉花增产检验与花纱布之管制事宜。先生复从旁协助推进，我国新兴之植棉事业，因而得以树立，国产之花纱贸易，亦至是确立基础，先生之功不朽焉！

民国二十七年，先生主办行政院农产促进委员会，该会为我国农业推广之中央机构，其宗旨与工作，可于先生某次之讲演中见之："既然农业行政，已经有了经济部农林司（现在农林部）来做，农业金融，已经有了中国农民银行、农本局等机关来做，农业技术，已经有了中央农业实验所来做，为避免工作重复起见，我就选了农业推广来做。"（原文载《将来之农业》）农促会原直隶行政院，组织与定名，均出自先生之意，年前始改隶农林部。闻改隶之初，一度有易名农业推广委员会之说，唯终未实现，盖先生之所以定名"农业促进"者，实有深意在。缘我国数千年来，农业技术，墨守成规，不事改进，先生痛感斯弊。故自归国以还，无论在朝在野，辄从旁督促推动，而不若浅见者之株守与自缚之可比，故会名"促进"，实堪代表先生一生对于我国新农业建设所抱之态度与所持之方策也。

犹忆民国二十七年秋，余奉命来湘，承办湘农所所务之时。先生适出长农促会，协助各省农业改进工作，不遗余力，仅就本所而言，足供记述者，则有下列四端：其一，民国二十八年春，本所经费奇绌，事业推进几濒于绝，时蒙先生慨允补助改良稻种推广费四万六千余元，整个工作得免停滞。其二，同年畜牧兽医事业经费中断，为筹谋复兴并自制牛瘟血清事，承于是秋补助兽医经费九百四十元，数虽有限，然卒使本省兽医工作，因此发轫，延聘专家，添置设备，而底于成。其三，本所推广机构经费，尝蒙拨给适当之补助。其四，关于补助各省棉业增产之款项，中央自本年起始配额发给，而先生对于本省之棉增补款，则已有多年之历史。凡此四端，虽系农促会之既定政策，然皆能切合急需，支配适当，先生之明达卓见，实令人钦仰无已。

余自民国七年返国，念余年来，以工作关系，得与先生时相过从，于学问事业，获益均非浅鲜。先生秉性豪爽，善辞令，为人处世，恒多过人之长。民国二十九年，余赴渝时，尚与先生把晤，不意一别匆匆，竟成永诀。论私交，自兹丧一畏友；而国家棉业改进之前途，则痛失一伟大之导师。顾抗战之胜利有待，建国之重任堪虞，翘首西常，能不悲夫！

（原载第5卷第11期《农业推广通讯》）

穆藕初先生与昆曲

俞振飞

　　余之识穆藕初先生，远在民国九年间。先生以嗜习昆曲，钦慕先君子粟庐公之名，下征余为其记室。先生初由笛师严连生拍习，殊未能领略曲中三昧，及识先君子后，始憬悟昆曲之有关于国粹文化之重要。而先君所传叶堂正宗唱法，夙为曲界所重。余谬为识途之马，于退之暇，悉心研讨，先生益觉兴味隽永，勤习之至，垂老而不倦焉。

　　先生时以综理三大纱厂，事务已甚繁剧，但日必以曲为课，于中午饭罢小憩后，与余度曲一小时许。其时不治事，不款客，数年如一日，从无间断。复专延笛师金寿生于其家，借备晨夕兴至，与家人度曲，为天伦之乐事。最初与余研习者，为《西楼记》《玩笺》一折，每喜于当筵歌之。先生习曲已届不惑之年，口齿嗓音，难期圆转，尤以嗓嫌紧细，缺乏亮音。尝就牛惠生医师所治之，故于其引吭高歌前，必以喷雾器射治声带。又自病按板之艰于匀准，觅致西乐拍子机，置诸案头，以助按拍。盖先生初未谂曲中除长三眼需求平匀外，有视剧情之缓急，身段之转换，或应扳之使徐，或应促之使疾，有三眼转一眼者，有散板换上板者，各极伸缩变化之能事，非可一概而论也。迨后深入堂奥，亦遂弃置矣。凡此均足证先生用心之专，致力之勤为常人所不可及者也。

民国十年间，有昆曲老伶工，演出于沪城小世界游艺场中，先生往视之，见尽鸡皮鹤发之流，深慨龟年老去，法曲沧夷。将致湮灭如广陵散矣。先生乃以复兴提倡为己任，联合江浙曲界名流组吁昆曲保存社，为创立昆剧传习所筹募基金之举，假座上海夏令配克戏院，彩爨三天，先生亦袍笏登场，自制行头，串演《辞阁》《拜施分纱》两剧。售座特昂，创沪上戏价空前之纪录，厅座三元，楼厢二百，虽谭英秀、梅畹华辈以往从未有此高价。观者如潮，一时称盛。剧终得八千余金。即就老伶工中甄选堪作师资者数人，聘为教习，择地于苏州五亩园，昆曲传习所乃告成立。养成学生数十人，以传字为行辈，其后递变为新乐府，仙霓社之诸伶人，即所造就之学生也。

先生以推崇先君子故，复组曲仕于沪，以先君子名讳中之一字为名。题曰粟社，罗致苏沪名流。以研习叶堂正宗唱法为宗旨，参加者倍形踊跃。每阅数月，即迓先君子来沪小住，相与研习曲艺。先君子居恒待人接物极为和易，唯于授曲，则严厉不稍宽假，先生唱念，或有一字半音未妥，辄遭先君子拍案呵责。然先生未以为憾。仍唯唯如命，至先君子颔首莞尔而后已。盖他人遇之，莫不望而却步，先生独怡如也，其从善好学为何如耶！

先生之又筑韬庵于杭之韬光寺侧，为避暑度曲之所。韬庵亦先君子别署也。民国十年夏先生邀集曲友登山作雅集。为观落成，余侍先君子同往，并召老伶工沈月泉与俱，先生盖欲求深造于剧艺也。韬庵地临半山，门前修竹万竿，终朝凉爽，红尘远隔，凭栏清歌，苗声与竹响相和答，翛然尘外，不知世上尚有暑日之炎炎矣！年逢暑期，先生必招要登临。劫后湖山，闻韬庵巍然犹在，而山半万竹尽童，风物全非。而今先君子已弃养，先生亦作道山之游。苟于他日重至其地，曷胜终天之恨，怀旧之戚不禁唏嘘随之。

先生于民国十七年弃商从政，跋涉京沪，曲兴遂稍衰退。至民国二十六年抗战军兴，先生随政府入蜀。但闻先生虽于国难严重之际，尚提倡不遗余力，今于渝蓉间昆曲传行，风靡一时。亦皆怀念先生不置也。

　　我国戏剧自清末皮黄崛兴，昆曲日益式微，经先生之竭力提倡，始获苟延一脉，至于今日。则轸念将来，其由式微而趋于沦亡者可计日而待焉。安得热诚爱好昆曲如先生者出更谋提倡保存于后世，则先生之功，固已不朽，而昆曲前途当能有一线之曙光。呜呼，先生，先生长往矣！

（穆家菁保存之原稿复印件）

不苟且、不推诿、不背信

潘文安

余始识藕初先生在民国八年（1919）江苏省教育会，时会中受藕公委托，考试私人资助之赴美留学生，余参与监试。藕公亦亲来面试，态度温良，对学生殷殷以谆品励学，不沾染习气为勖。应试者均大感动。即竣事，随便谈话，问余任教育若干年，有得意学生否？因言"余亦教员出身，得好学生，过于得珍宝珠玉，孟子得天下英才而教育之，为三乐之一，询非虚语"。次言"职业学校之主旨，不但使学生得学问技术，更须使之得业乐业"。余深佩其言，尔后余办学。办职业指导所、办银行事业最后赞助实业，以提倡国货工业为毕生工作，受藕公诏示之力量甚大。

藕公擅昆曲，治事之暇，以此消遣，顿忘一日间烦忙之念虑，以此养生，大可为事业家取法。故藕公近五十岁时，望之四十许人，此其养生有得之功。

一日以《藕初五十自述》一书赠余。笑言，余少年时在人欲关头，亦尝用过一番克制功夫，居然慧剑一挥，情丝顿断，青年人在此间不容发时，全恃有刚断功夫。此刚之字，普通人往往不易敝到者，修养缺乏致之。此语以告朋侪，为之肃然起敬。

抗战前，藕公时喜约知友在其邸中餐叙，随便谈谈，述其治学治业之经验，颇足为青年取法。藕公之治学以刻苦精神自勖，治事以不苟且、不推诿、不背信为主旨。故以之求学，学乃大就，以之立业，业遂大成。犹忆其在美留学时，家中款未汇到，藕公闭门读书数日不出，同学询其故，则身体有疾对，其实吃硬面包，饮白开水，已五日矣。此种蔬食饮水之素养尤为恋奢学生在美滥用无度之当头棒喝。闻美报载，中国豪家子弟在美住高贵旅舍，享用奢侈，为人侧目之状，藕公有知，当为长叹息而不置。

余任职职业学校时，时以校款不给，乞灵于校董，而校董中最热心之一人为藕初先生。某次每董认捐四百元，藕公签支票八百元一纸授余，谓家兄恕再之一份，请并纳之，不必向之取，亦不必使之知，其笃于友于之谊，尤不可及也。送及门，语余曰："苟免费生多，而费不足，仍可来商于余，余希望君等体任公（黄炎培先生）创办之苦心，无使精神受物质之影响而稍有减色。"此则先生之用意深，用心苦，尤为我人所不能忘怀者也。

民国三十年（1941）春，余赴渝，谒先生于张家花园，谈二小时无倦容，犹未足，翌日复约同人于酒楼畅谈。席间询及许多老友，并询职校状况，闻校舍被毁大为慨叹，继言区区物质之损失不足虑，归当益谋光大之。又询位育近况，因言此为基本教育，余毕生以职业学校与位育小学为最得意之教育事业，希望早日光复河山，同归扩大。别时，更谆谆以沈信老健康为虑，其关怀教育，笃念老友之情，尤令人感叹不能自已。惜乎！天日重光，暴敌屈服，而先生早归道山，墓木已拱，眷怀陪都欢叙之情，历历在目，益使余低回叹息，不知涕泪之何从来矣。

（录自穆家菁手抄本）

穆藕初先生对抗日工作的一大贡献

杨显东

穆藕初先生是我最尊敬的一位科学家、实业家，我极愿参加纪念他的盛会，但由于我有病住了十个月医院，最近才出院，医生嘱我只能在家休养，现写这篇文章，以纪念先生。

一

穆藕初先生逝世五十年了。藕初先生是旧中国一位著名的学者型实业家，对我国近代棉纺织业的发展卓有贡献，有"棉纱巨子"之称。其实，穆先生的事业也还始终与农业有着密切的关系。抗战爆发后，他任行政院农产促进委员全上任委员，抗战初期。他创造了"七七棉纺机"，对活跃战地农村经济、解决战时军民衣被之需要，其有益于国民经济及抗战事业，实非浅显，在这件事上我亲身感受到了穆先生强烈的爱国心和务实的创业精神，至今使我缅怀。

藕初先生是我国早期出国学农、学纺织的仅有的几位留学生之一。因为我也是学农搞棉花的，所以对先生早有所闻。1927年至1928年我在河南郑州、开封工作时，先生创办的豫丰纱厂就在郑州。先生当时能到产棉区来开办如此宏大规模的第一流纱厂对发展棉纺织业影响很大，所以虽与先生不曾见面，就已对他十分敬仰。

二

我与先生的直接交往是抗战爆发以后的事。七七事变当天，我正从美留学后回到北平。不久，即任湖北棉业改良场场长，但主要工作是在董必武领导下，和陶铸等先后创办抗大式的汤池训练班和棉业讲习所，训练革命青年发动群众打游击。1938年，武汉沦陷前夕，即到鄂北。当时看到棉花丰收，农民卖棉无门，非常焦急，眼看棉花非落入敌人之手不可，我在前线战地体会尤深，于是向第五战区司今长官李宗仁建议，请其致电重庆经济部部长翁文灏迅速派人到鄂北抢购棉花，以免资敌。随后李宗仁长官令找到重庆催办此事。经济部农本局立即派我任专员兼福生樊庄主任，前往鄂北抢购棉花。

当时穆先生正想在湖北训练干部，制造推广"七七棉纺机"，发展手纺织工业。穆先生得知我要到湖北收购棉花，于是找我去商量。委派我任湖北省农业推广专员，在收购棉花同时，顺手就地发展手纺织工业。我正想着手发展湖北战区经济，于是很快就把这事情搞起来了。所以，我与穆先生的直接交往是与"七七棉纺机"分不开的。

三

　　原来穆先生是1938年5月刚在汉口受命主持农产促进委员会工作的，他一着手工作，就预感到随着战局的发展，全国的棉纱棉布势必要紧缺成荒，于是马上筹划推行手工纺纱织布。六月开始收集各地土纺纱机，分别加以"整理""试验""添置"，历时十四个月，配成一套，定名"七七棉纺机"。共有弹棉机、纺纱机、摇纱机各一部。此项机器铁件甚少，但却非常合用，主机部分即使在荒僻棉区，亦甚易仿造。

　　1939年初我接受任务时，穆先生除给我讲述情况，提供详细资料外，还派给我五名制造棉纺机的技术人员。任务交代得非常简明，所拨一万元经费也很快到手。同时我又向中国农民银行贷款五万元。我回去湖北以后，马上花一万元收买了沙市一家倒闭工厂的全部机器，在茨河，盛家康设铁木工厂，着手制造"七七棉纺机"。所需铁件正好从原有棉业改良场的轧花机上拆下来用。同时还办起了鄂北手纺织训练所，我任所长兼厂长，群众俗称茨河训练所。一方面训练学生学习推广"七七棉纺机"，另一方面采用抗大式的方法训练学生发动群众打游击，很快训练出了二百多名学员和技工。再由这些学员技工去各地指导农民学习使用手纺机。由于采用这种多角形的训练推广方式，熟练人员增长很快，机械的数量随之急剧增加，年底全省统计报告数量达2500架，其实际数字无法统计，因为该机仿造便利，各地均能制造，且大量散布于农村，调查统计很困难，当时战区一带棉布来源断绝。有了"七七棉纺机"，既纺纱还织布，不仅解决了军民需要的布，而且农民有相当利润。据统计一个农村妇女在家中纺纱每日收入可得二元多，一个月可收入七十元左右。这在农村是一笔很大的收入。所以群起学习，购机生产，无怪其风起云涌也，整个鄂北农村都动员起来了。

四

当时为了抗战需要，训练所曾大搞军民合作。如军队需要草鞋、布鞋，我们即发动群众积极制造供应草鞋、布鞋。军队需要豆腐、盐菜，我们即发动群众积极加工豆腐、盐菜，军队需要蔬菜，我们即发动群众种蔬菜。军民需用日用品，我们即用运棉花的车从沙市、宜昌购买日用品供应军民。因此我们做到了军民大合作，对当时抗战起了积极的作用，

棉花已由我们购买，但尚有不少外销物资如牛皮、猪鬃、桐油、五倍子无人购买，农民非常着急，我们即和上海银行周苍柏联系，请其与重庆有关商行联系派人收购，使这些物资找到了销路。颇受农民欢迎。农产品有了出路，农民手中有了钱，农村经济由手纺织业带动起来，实行厂军民大合作，鄂北真是红了半边天，从而组织农民群众打游击，很快就发动起来了。李宗仁长官更器重我们，我是长官司令部的"红人"。因此农民拥护我们，军队支持我们。我们赚的钱，除发展各项抗战事业外，还供给鄂北各县地下党作部分活动经费。

茨河手纺织训练所及福生樊庄当时在第五战区是很红的。那时是军管时期，只要是训练所或福生樊庄写的路条，干部就可满天飞，到处放行。

五

现在回想起来，在鄂北的这段工作，是孜中华人民共和国成立前最愉快的一段工作。应该感谢是穆先生帮我创造了有利的条件，提供了一个极好的机会。当时一起工作的青年同志们，无一人是为了职业，无一人是为了发财，无一人是为了图享受，无一人心中有自己和家庭，无一人不是随时准备杀头，大家心目中只有全国人民和打日本鬼子。每人每月生活费10元，大家诚如一家人，真是一个革命大家庭：干部从外地来的我招待吃住，病了我送医院，人来多了住不下也送医院，反正他们总有大小不同的病。襄阳有美国教会办的同济医院，老河口有天主堂办的医院，我是美国留学博士，同这两个医院的关系特别好，我送去的病人他们特别照顾，住院费全由我负担，当时我30多岁，并未结婚，可青年们管叫我"妈妈"，这是何等亲切啊！我认为这一段时间是我与青年群众同呼吸共命运的黄金时代，也是我思想改造的有效阶段，永远牢记在心中。

《战地知识》总编辑钱俊瑞曾要我写一篇《发展战区经济工作》的文章，并在该刊发表，当时国民党主管战区经济委员会的李济琛（中华人民共和国成立后任国家副主席），看了这篇文章很感兴趣，马上找我详细汇报，随后把我的汇报通令全国各战区参照执行。

六

以上工作是在共产党领导下进行的，但与穆藕初先生的大力支援是分不开的。他拨了开办费，派遣技术人员，任命我为训练所所长兼铁木工厂的厂长，因此没有穆先生的支持，是不会有鄂北战区经济工作这么好发展的。应该说这是穆藕初先生在抗战中的大贡献之一。

"七七棉纺机"除了在湖北外，当时在四川、陕西、湖南、河南以及陕甘宁地区等应用推广也很快。这主要是由于穆先生的这样一个举措是从实际出发，适应了战时的国情、民情，而且符合客观经济规律，实惠农民，所以自然就得到广大棉区农民的热烈响应，为了推行手工纺纱，穆先生制订了周密的计划与措施，并进行了广泛的宣传，不仅有发动和号召，对于可能出现的问题和困难也讲得非常清楚。不符合条件的则劝你不要勉强上马，避免强制推行，伤害群众利益，体现了实事求是，讲求实效的原则，为顺利推广创造了条件。

穆先生在推广"七七棉纺机"时特别强调"人"的作用。他说："推行必须具备的六个条件，归根结底，只是一个条件，就是要有刻苦耐劳细心苦干的人。有了人，便可以选择适宜地点，仿造准确机件，严密管理，优给工资，组织合作社，实行商业化，一切都可以办到了。"这一段话充分体现了先生"人才是事业灵魂"的一贯思想。穆先生在做人方面，平易豪爽，音容笑貌，动人极深。即使在1943年病重期间，我到歌乐山医院去探视他时，乐观精神仍溢于言表。

穆先生逝世后有一条挽联是："个个纪念穆穆，人人不忘七七。"藕初先生的科学务实作风及其爱国创业精神永远使人缅怀，激励后人去开创更加美好的未来。

后记：

但是鄂北好景不长，由于以下几种原因，首先李宗仁把我赶出了湖北。一是第五战区政治部副主任韦永成（李宗仁的外甥）要我参加三青团，我拒绝了；二是湖北代主席严立三当我的面对李宗仁说我走的是共产党的路线；三是中共武汉工委书记章世光（中华人民共和国成立后任华中农学院副院长）被特务逮捕，是我请李宗仁释放的。但李宗仁对我说："我的秘书（脱党的）告诉我，章是共产党员"；四是五战区李宗仁的一个参谋要我拿两万元和他做生意，并说一星期可赚两万，两人各一万元，我拒绝了。于是李宗仁打电话给翁文灏说："杨显东接近青年太多，诚恐发生流弊，请即派人前来接替他的工作。"

我获悉李宗仁要赶走我的消息，就和住在医院的陶铸商量对策，决定由陶铸代我写信呈送李宗仁，说明我在鄂北工作的重要性，大意如下：

"承长官接纳我的建议，电告经济部长翁文灏派员来鄂北抢收棉花，以免资敌。我到渝后，经济部农本局派我来收购。我到职后做了几件事：第一，抢购了大批棉花，既免除了资敌，又为农民生产的棉花找到了销路；第二，办了棉手纺织训练所，建立了纺织厂、织布厂、手纺织机制造厂，正在推动鄂北手纺织工业的发展，既解决了农民衣被问题，又解决了一批青年和农民，尤其是妇女的职业问题；第三，训练所的学员结业后，除派到各县推广手纺织工业外，还发动组织群众打游击，壮大了抗日队伍；第四，促进了军民大合作；第五，资助了鄂北几个县部分抗日经费。"

"我认为上述工作，其重要性比带领十万大军在长官领导下抗日所起的作用还大。我是学科学的，对政治不感兴趣，唯发展科学，造福民众是我毕生之奋斗目标。然而大敌当前，家国不保，何谈科学，故投身长官门下，图抗日救国之大业，并无任何个人企图。请长官鉴察，不胜盼祷之至。"

李宗仁未回我的信，我到了重庆。

更痛心的是，1941年皖南事变发生，国民党蒋介石掀起了第二次反共高潮。一时间黑云压城，茨河手纺织训练所和所有工厂被湖北省政府查封，200多名职工被捕，被捕名单上竟是穆藕初第一名，杨显东第二名，当时我们都在四川。

图书在版编目（ＣＩＰ）数据

穆藕初：衣被天下／刘未鸣，詹红旗主编. —北京：中国文史
出版社，2018.12

（百年中国记忆·实业巨子）

ISBN 978 - 7 - 5205 - 0908 - 4

Ⅰ.①穆…　Ⅱ.①刘…②詹…　Ⅲ.①穆藕初（1876—1943）—生平事迹
Ⅳ.①K825.38

中国版本图书馆 CIP 数据核字（2018）第 272501 号

责任编辑：刘　夏

出版发行：**中国文史出版社**

社　　址：北京市海淀区西八里庄 69 号院　　邮编：100142

电　　话：010 - 81136606　81136602　81136603（发行部）

传　　真：010 - 81136655

印　　装：北京新华印刷有限公司

经　　销：全国新华书店

开　　本：1/16　　插页：4 页

印　　张：14.25　　字数：191 千字

版　　次：2019 年 3 月北京第 1 版

印　　次：2019 年 3 月第 1 次印刷

定　　价：43.00 元